美是自由的象征

高尔泰 著

北京出版集团
北京出版社

图书在版编目（CIP）数据

美是自由的象征 / 高尔泰著. — 北京：北京出版社，2021.1
ISBN 978-7-200-15017-9

Ⅰ. ①美… Ⅱ. ①高… Ⅲ. ①美学—文集 Ⅳ. ①B83

中国版本图书馆 CIP 数据核字（2019）第 099469 号

特邀编辑：韩慧强
责任编辑：高立志　王远哲
责任印制：陈冬梅
封面设计：马钦忠　张　丽
装帧设计：吉　辰

美是自由的象征
MEI SHI ZIYOU DE XIANGZHENG

高尔泰　著

出　　版：	北京出版集团
	北京出版社
地　　址：	北京北三环中路 6 号
邮　　编：	100120
网　　址：	www.bph.com.cn
发　　行：	北京出版集团
印　　刷：	北京华联印刷有限公司
经　　销：	新华书店
开　　本：	880 毫米 ×1230 毫米　1/32
印　　张：	11
字　　数：	170 千字
版　　次：	2021 年 1 月第 1 版
印　　次：	2021 年 1 月第 1 次印刷
书　　号：	ISBN 978-7-200-15017-9
定　　价：	69.00 元

如有印装质量问题，由本社负责调换
质量监督电话：010-58572393

庚子春愁
——作者前言

三年前,比尔·盖茨在北京大学演讲,向学生们说,"你们赶上最好的时代了"。我在屏幕上看到,有一种怪异之感。这个据说世界上最聪明的头脑,武装了最先进的科技——人工智能,要传达什么样的价值观和审美观呢?

人们曾经相信,人工智能这个比我们聪明万倍的"头脑",能解决千百年来人类不能解决的老大难:疾病、战争、贫富两极化、奴役合法化……奇怪的是,从"深蓝""阿尔法狗"相继被超越至今,所有这些老大难,不仅仍是老大难,而且变本加厉了。

这次病毒大流行,也是社会测试剂。显示出来的不仅是某人某国特例，也是全球存在的一般状况。最是平时看不清的权贵精英们的状况：有多少金融大鳄、高官显宦、科技巨头、学术权威、大导巨星、主流媒体、名牌大学、网络平台、跨国公司，和威权政治之间，在不同制度层面和不同价值观层面底下的深层勾兑，出乎想象。

这才知道，他们不是分不清正邪美丑，而是聪明到没有分别心。没有义利之辨，但有利多利少之辨。做得高科技，货予帝王家，财源滚滚，何乐不为？

利用人工智能，他们把千丝万缕复杂能动的利益链，梳理编织成一片全球开发网络。弱肉强食的丛林法则，由于秩序化而效率飞增。飞增到什么程度？看看达沃斯世界经济论坛公布的一些数字，就可以有个大致概念。如：全球百分之一的人拥有全球百分之八十二的财富；如：全球最富有的二十六个人的财富等于全球一半人口财富的总和。本届联合国秘书长古特雷斯最近的一次讲话中，也提到这些数字，可以互证。而瑞士银行秘密客户们究竟有多少存储，还不在视野之中。

不同于几千年来各国互通有无的活动，现在的所谓"全球化"，已经远远超出了商业贸易的范围。权贵资本们有选择地推向全球的不仅是商品,还有开发计划、治理模式、意识形态甚至生活方式。对于没有选择余地、被治理被计划被开发的我们来说,谁掌握了大数据和算法,谁就是自己的主人。这不仅是一条通向奴役之路,也是一条人类的自我毁灭之路。

五十年前罗马俱乐部的一份调查报告就已经指出,无限开发将耗尽地球有限资源,从而毁灭人类。这没引起足够关注。现在开发规模成倍飞增,商业巨头迅速壮大。壮大到作为经济体,一个跨国公司的体积和能量,可以超过好几个国家的总和。全球二百多家这种大家伙,不仅掌握着亿万人的命运,甚至可以左右国际政治的格局,没人管得住。别说是民间环保组织,就连国力强大的民主政府,也对付不了。1998年美国政府和二十个州根据反托拉斯法联合控告微软垄断,证据确凿而未能定罪,被讥为"巴掌打在手上",是其一例。

后果来得很快。生物学家按现有物种减少的速度计算,预言一百年内地球将面临第六次物种大灭绝。和以前火山爆发、小行星来撞不同,这次灭绝将是人类活动的结果。为了人类的延续,继霍金寻找其他宜居星球的努力之后,特斯拉CEO马斯克的"火星殖民"项目，更计划从2024年开始，逐步把一百万人送上火星，去建立起一个可持续的文明，给人类留下一个备份。这些仁慈悲观的天才，用心良苦。但是生化核武、怪病失控之类，都还没算进去。与生态恶化同步的诸多政治危机和法制危机、人道灾难和道德灾难，比如科技巨头们帮助暴君监控人民，使后者失去心灵魂魄，变成智能载体如韭菜、马牛，也都没有算得进去。

智能算法，不是、也不能，代替人的心灵。比如植物，种子可远播，断枝可再生。树叶根尖之间资源信息的流量协调如同互联网，去中心化的模块结构如同区块链，很智能。但无心灵，即无自我。韭菜被割，生生不息，潜能无穷，却只为别人而活。斯宾格勒说动植物的区别在于动物有自由，也未必。不用说牛马安于"他由"，就是自由的主体人类，其无数的个体存在，也会因为"他由"，活成韭菜、马牛。无数韭菜、马牛的巨大潜能被超级资本开发出来用以榨取地球资源，反而成了自己的末日加速器。

去年秋天，波兰作家托卡尔丘克用诗一样的语言，描绘出了一幅光鲜酷炫表象底下麻木灰暗的图景："世界快死了，却没人注意到。"我的问题是，即使谁都没有注意到，那百分之一多藏必厚亡的巨富人精焉能不知？焉能不怕？焉能不因恐惧而收敛一些开发的速度和攫取的数量？我想错了。以色列史学家赫拉利、瑞士物理学家马约尔先后指出，那些人没有末日；地球坏了可以迁居火星，身体坏了可以化为硅基；不但得以永生，还能出入诸维，遨游宇宙，胜似金丹换骨，用不着为其他人的命运担责。

这不是没有人性，人性就是如此。自从几百万年前人类从非洲猿类中分化出来，开始走上不同的演化道路至今，仍有百分之九十九的DNA和猩猩相同。《全方位的无限》作者、理论物理学、生物物理学家戴森，和生物化学家哈金斯把核冬天的阴影，和其他非自然力导致的灭绝灾变可能，归因于这个"人的兽性"，即"自私基因"，言之成理。

加上那百分之一向往真善美的"非自私基因"，应了一句古老的格言："兽性加神性等于人性。"人类文明，是百分之一神性的产物。宗教文明把兽性看作人的原罪孽障，力求通过信仰与自律，寻求救赎与超越。但是挡不住拜物教横行、挡不住有钱能使鬼推磨……。世俗文明致力于人类兽性的约束：订立宪法，定义政府，制衡权力。但是治不了权钱交易，治不了窃钩者诛窃国者侯……

两种文明互补，本来是人类进步的双翼。铩羽如此，历史能不下行？下行中怪病杀遍全球之际，又来了一场趁疫情一哄而起享受破坏快感的嘉年华，魔幻得像20世纪60年代的红色浪潮。无复名实之辩，无复器用之辩，无复古典无政府主义败于性善论错误的悲凉凄美。当代以暴力叙事的无政府主义，只能加深世界濒临深渊的绝望氛围。

悬崖在前，我们必须后退。退一步海阔天空。人性中还有神性，历史就必不虚无。众先哲至深至大的智慧，众先贤至难至善的德业，几千年王霸分合正反两方面代价至大至痛的经验教训……这一切的结晶——"富强""民主""自由""平等"，原本就在那里，是我们脚下坚实的土地，不是暴力者放倒几个伟人雕像就会塌陷的。回到过去，从传统的宗教文明和世俗文明，亦即人性中的神性吸取能源重新出发，平衡价值理性和工具理性，重建现代社会的契约精神和正义原则，不是没有可能。

当然，知易行难。价值观层面上回到过去，说一句"不自由毋宁死""不义而富且贵，于我如浮云"或者"骆驼穿过针的眼比财主进神的国还容易"……

很容易，却没用。另一方面，操作层面上不能回避的当务之急，拆分超级资本，解体科技极权，又近乎没可能。冰冻三尺，非一日之寒。弄不好就是国家资本主义，同样可怕。面对这些悖论，我再次深深感到，渺小个人在巨大历史命运面前的无能为力。

无力感、无意义感，是我在遥远青年时代曾经有过的体验。想不到一甲子沧桑巨变之后，那时的缺乏、需要和追求，居然会仍然是今天的缺乏、需要和追求。这三本书中的文字，是同一种追求的产物。知识结构和认识结构或有新陈代谢，思维方式和感觉方式或有不合时宜，但是作为同一种意义的追寻，却又无分今古。再次重刊，以就教于新新人类，也是渺小个人希图通过回到过去，参与重建工程的一个心愿。

现在麻烦大，未来不确定。老态侵双眸，额手望天涯，闲愁万种。唯愿目前的危机早些过去，孩子们的将来，能有一份祥和。

2020年5月，于拉斯维加斯

目 录

论 美 ………………………………………001

美感的绝对性 ………………………………030

美感与快感 …………………………………049

美的追求与人的解放 ………………………092

美是自由的象征 ……………………………142

美学研究可以应用熵定律吗? ……………187

人道主义与艺术形式 ………………………218

关于艺术的一些思考 ………………………270

论 美

美学问题是哲学领域中最扑朔迷离的问题之一。聚讼纷纭至今，似乎还没有一个令人满意的答案。我有一些想法，自知很不成熟。但如果不拿出来，要待它自行成熟，怕遥遥无期。本着追求真理的精神，我将虚心听取各方面的意见。

一

有没有客观的美呢？如果所谓客观之物是指不依人的主观精神或主观努力而独立存在的物自体的话，那么我的回答是否定的：客观的美并不存在。

我们知道，生命是物质运动的形态，人类的生命是一切生命现象中最复杂的、最高级的。生命发展到这一阶段，就不再满足于物质的满足，不愿自己继续是一种食宿起居中的、生物学上的现象了。于是随着自然进化的进入历史进化，人类首先是自发地、无意识地，然后是自觉地和有意识地通过改造世界的实践，形成一个抽象的精神世界，一个与外在的现实相对应的内在的文化心理结构。心理结构一方面表现为各个个人的思想情感活动，一方面通过实践历史性地外化为客观的对象世界。所谓人类的文明，也就是这种人所创造的内在世界和外在世界相统一而又充满矛盾的总和，它随着人类历史的延续和发展，补充着和扩大着。

这个在物质基础上建设起来的精神世界，是人类思维活动的总和，它包括了人类心理现象及其符号信号的各个方面。可是要明确，它是一个乘积、一个方程式，不能把它理解成一种可以分别盛装在各个具体的个人心灵里的抽象物。心灵不是盛装思想感情的死的容器，它就是思想、感情、需要、意志……及其行动表现的总和。这个总和自成体系，有自己的变化逻辑，有自己的方程式。所谓美，就是一定的方程式的得数。它直接就是心灵本身的表现。在研究美学的时候，如果把它从这个血肉相连的背景上分裂出来，就不可能构成关于美的正确概念。

人设立——不一定是意识地设立——一个美的标准，某客观现象符合于这个标准，人们便说，这是美的。任何尺度都有可能为自己找到相符合的对象，正因为如此，人才有可能把美附加给自然。这个标准是抽象的、主观的，因为它是人类情感活动和思维活动的产物。而这个"符合"却是具体的、客观的，可以实践地加以验证的，这就容易造成一个错觉：把这符合于人的要求的存在条件当作美本身，以致模糊了研究的对象。

人不可能凭空获得美。人和对象之间少了一方，便不可能产生美。美必须体现在一定物象上，这物象之所以成为所谓"美的"物象，必须要有一定的条件。也就是说，美感之发生，有赖于对象的一定条件（例如和谐）。但是，这条件不是美。正如不平引起愤怒，但不平不等于愤怒；不幸引起同情，但不幸不等于同情。人们不明白这一点，把引起美的条件称为美，这是错误的。这一错误，构成了现代美学的主要矛盾。

如果没有欣赏者，条件只是条件，无法转化为物之属性，亦即无法转化为美。条件不能自成条件，它之所以成为条件,是因为它符合于人(人往往以为是人符合于它),因而能引起人的美感。

当物的某一方面引起了人的美感,这一方面就被称为条件,如果没有人,何谓"能引起美感"呢?而没有了这一点,它又成什么条件呢?

条件是冷漠的、客观的、原始的存在,只有对人来说,它才成了条件,它自身没有什么条件不条件,它自身是原来就存在的。正因为它自身原来就存在,它才不成其为条件。物质是恒一,它不依赖人而独立地存在着,当它的某一方面和人无意地相符合的时候,人便把它派作了条件。这条件不是它自身的意义。比如说,泥土是泥土,不是烧罐子的材料,但是,当地球上出现了人,而人拿它来烧罐子的时候,它就成了烧罐子的材料了。我们可以把事物的某些方面派作条件,就如同我们可以把泥土派作烧罐子的材料一样。但是如果要把这条件在人心中所完成的事物——在这里即引起美感——反过来作为物之属性,便是荒谬的。当我们解释泥土是什么的时候,我们不能说:这是烧罐子的材料。因为泥土成为烧罐子的材料这件事,是因为有了人才发生的,在有人类以前,它并不是烧罐子的材料。同样事物之成为美的,是因为欣赏它的人心里产生了美感。没有人就没有美感，也就没有美。所以，美和美感，实际上是一个东西。

美产生于美感，产生以后，就立刻溶解在美感之中，扩大和丰富了美感。（我在思考和说明这一点的时候，是按顺序来进行的，实际上，这过程不包含时间的因素在内，或者，它只包含着最小限度的时间因素。）由此可见，美与美感虽然体现在人物双方，但是绝不可能把它们割裂开来。美，只要人感受到它，它就存在，不被人感受到，它就不存在。要想超美感地去研究美，事实上完全不可能。超美感的美是不存在的，任何想要给美以一种客观性的企图都是与事实相违背的。

如果一定要把美说成是物的属性，得加上一段解释：这属性是欣赏者暂时附加给对象的。有人会反驳道，一个农民有可能不懂得最美的戏剧，难道这戏剧就不美吗？既然美是一种感受，那么对于那个农民来说，那戏剧确实是不美的。你觉得农民错了，是你觉得农民错了，在农民那一方面，感觉不到就是感觉不到，有什么错不错呢？请注意，这里暂时还不存在什么是非问题，这里的问题是有没有感觉到，即有没有出现审美活动这一事实的问题。没有审美事实，哪来的美呢？你将裁判什么呢？你的裁判权有什么根据呢？

对于非音乐的耳，贝多芬的交响乐和一个简单的音节练习曲没有什么区别。诚然，贝多芬的交响乐是美的。但是这美，是对于有"音乐的耳"的人来讲的。所谓音乐的耳，不仅是个人的生理器官，而且是历史地形成了的人类的文化器官。音乐的美，在这里是通过感觉器官表现出来的精神现象即心理结构。美的历史，也就是心理结构的历史，外在事物的感性形式不过是心理结构借以表现出来的媒介物。

由此可见，引起美感的条件，是一种人化了的东西，这种东西，应该只把它看成一种可能性。这可能性的形成，是人类漫长的历史性实践的结果。但它是否向现实转移，却取决于许多偶然的机缘，例如审美者过去的经验、知识和现在的心境等。不论它作为可能性而存在，还是作为现实性而存在，它存在的根据都是人。

二

当我们觉得某事物是美的，就把这感觉的内容派作物的属性，实际上就是用主观代替客观，把主观当作客观。这种观点使美学问题扑朔迷离，就像灰尘使油画显得模糊一样。

我们说"牵牛花是美的"，这是人的意识在发表意见，是感觉在表示自己，而不是对牵牛花的本体论的说明。生物学家在研究牵牛花的时候，绝不会在它的化学成分中分析出"美"这一元素来的。

色彩的和谐与鲜明可以引起美感。但是色彩自身只是光的吸拒作用，它不依赖人而独立存在，也无所谓美不美。按照作用于视网膜的功能量，当光波的长度是零点七——零点六时，我们便名之曰红，假如我们不名之曰红，这种情形依旧存在。我们创造了"红"这一个名词，就是为了代表这种情形。甲虫也看见山茶花的颜色，只是它们不能名之曰红罢了。既然我们名之曰红，那么"红"这个词及概念所代表的那种物质事实，就是一种客观存在，这存在不论是否被人感觉到都是不变的。

有人把美看作也和色彩同样是物的属性，这是唯心主义的或者二元论的看法，因为这种看法承认有一种心理现象，和物质一样绝对、一样永恒。

光有波动和微粒的二重特性，许多生物根据这种特性给自己创造了视觉，以反映周围的色彩、明暗和对象。声音有波动的特性，许多生物根据这种特性给自己创造了听觉以反映周围的声音。美如果和声音、色彩同样是客观物质，或客观物质的客观现象，那么它也必定会具有一个具体存在的物所具有的这种或那种的具体的特性，我们不是也可以根据它创造一种美感器官，来感受所谓"美"吗？假如真是这样的话，那么凡是对一个人说来是美的事物，不是对一切人都是美的，像草对一切人说来都是绿的一样了吗？那还有什么美的阶级性、美的历史性呢？

有人说，美的东西虽然不是对于所有人都是美的，至少对于大多数人是美的，假如没有客观的美，为什么会这样呢？这一事实，不能用美的客观性来解释。这个问题的正确答案，仍旧只有到人的内心去找。人，作为同一个世界的同一种生物，虽然因为各种原因（比如社会地位不同），在对事物的态度上即使有很大的出入，都是出入在同一发展水平的范围内。美学观当然也不能例外。人创造了世界，世界也创造了人。五官感觉的形成是世界历史的产物。文化心理结构作为一个整体性有机结构不能从各个个人抽象出来，当它通过一个具体个人的思想情感表现为对象的形式时，它就不但带着个性，而且也带着共性，这没有什么可奇怪的。

大自然给予蛤蟆的,比之给予黄莺和蝴蝶的,并不缺少什么,但是蛤蟆没有黄莺和蝴蝶所具有的那种所谓"美"。原因只有一个:人觉得它是不美的。对于另一只蛤蟆来说(如果它有意识的话),蛤蟆自然比黄莺或者蝴蝶更美。正如对于公鸡来说,一粒麦子比一颗珍珠更有价值。人所把握的美和价值如果离开了人,还有什么根据可言呢?

有一种看法以为美存在于人和物的关系中,这种看法似是而非,因为在这种场合下,把人和物联系起来的还是人脑。

当然感觉有其主观方面和客观方面,但美不等于感觉。感觉是一种反映,而美,是一种创造。就感觉的内容来说,是客观事物,而美的内容,是人对客观事物的评价。没有了感觉,物体和它的现象属性依旧存在,但是没有了美感,美就失去了自己。

美发生在人脑中,我们无法把它移植到物那一方面去。所谓"移情",不过是心灵内部的一种活动方式罢了。美感不是一个简单的反射过程,它更深刻、更复杂,永远和理智与情感密切联系着。美之所以不同于其他感觉(如香、柔软等)也就在于这一点。

太阳的光和热是谁都可以感觉得到的，但是太阳的美不是对所有的人都存在。夏天的太阳，对于诗人来说，是激情和力量的象征，是美的；但是对于路上的商贩来说呢，则是"黄尘行客汗如浆"，晒得很难受。而这美与难受，同样是由于它的光和热。

不论人们如何反映它，太阳是一个，各式各样的人们都由于它的同一种光热而感受到它的存在。它自身只是一个化学元素的巨大集团，按照质光定律放射着同一种光和热，人们对它的感觉尽管千差万别，它自身却永远如一。诗人把它作为激情和力量的象征，说它是美的，并没有给它增加什么。商贩对它的厌恶憎恨也没有减少它丝毫的分量。何况无论是诗人还是商贩，他们的感觉都不是固定不变的，可能换一个时候，换一种情况，他们又会有相反的感觉了。而不论感觉怎么变，太阳并不会随之改变。

美是人对事物自发的评价，离开了人，离开了人的主观，就没有美。因为没有了人，就没有了价值观念。价值，是人的东西，只有对人来说，它才存在。价值尺度，只能是人的尺度。所谓主观地，只是人们自觉地或不自觉地运用自己的意识，去认识世界，去感受围绕在我们周围的真实。真实是一。当意识达到这个一并使之成为人的一个表现的时候,就达到主观的充分发挥。

主观力求向客观去!并通过对客观的改造进入客观。而当它达到这一点的时候,便完成了自己。在这中间,人一面认识着和改造着自然,一面自发地或自觉地评价着自然。在这评价中,人们创造了美的观念。

由此可见,美的本质,就是自然之人化。自然人化的过程不仅是一个实践的过程,而且是一个感觉的过程。在感觉过程中人化的对象是美的对象。

我们凝望着星星。星星是无言的、冷漠的,按照大自然的律令运动着,然而我们觉得星星美丽,因为它纯洁、冷静、深远。一只山鹰在天空盘旋,无非是想寻找一些吃食罢了,但是我们觉得它高傲、自由,"背负青天而莫之夭阏,抟扶摇而上者九万里"……

实际上,纯洁、冷静、深远、高傲、自由等等,与星星、与老鹰无关,因为这是人的概念。星星和老鹰自身原始地存在着,无所谓冷静、纯洁、深远、高傲、自由。它们是无情的,因为它们没有意识,它们是自然。

对于那些远离家园的人们,杜鹃的啼血往往带着特别的魅力。"一叫一回肠一断","一闻一叹一沾衣"。因为这种悲哀的声音,带着浓厚的人的色调。其所以带着浓厚的人的色调,是因为它通过主体的心理感受(例如移情,或者自由联想……)被人化了。如果不被人化,它不会感动听者。农民不知道关于蜀帝的悲惨故事,他们称杜鹃为布谷鸟,因为杜鹃在春播的时候啼叫,声音好像是"布谷,布谷"。而我,直到现在,还对杜鹃的鸣声保持着一种亲切的回忆,因为当我想起这种叫声,我——在这风炎土灼的北国——脑海中就浮现出一片无垠的水田,泛滥着初春的气息,潮湿的泥土的气息。

在明月之夜,静听着低沉的、仿佛被露水打湿了的秋虫的合唱,我们同样会回忆起逝去的童年,觉得这鸣声真个"如怨、如慕、如泣、如诉"的。其实秋虫夜鸣,无非是因为夜的凉爽给它们带来了活动的方便罢了。当它们在草叶的庇荫下兴奋地摩擦着自己的翅膀的时候,是万万想不到自己的声音,会被涂上一层悲秋的色彩的。

白居易写琵琶:"小弦切切如私语。"弦和私语毫无因果关系,声音的产生是由于物体的振动,音色决定于振动的形式,这是自然现象,和人的私语无关。但因为它和私语外形上近似，感觉便把它私语化，亦即人化了。于是觉得它是美的。所谓"风在哀嚎""黄河在咆哮"，都与此类似。

这个道理贯穿在一切之中，所有的事实可以拿来做例子，不过这一切都必须有主观条件为基础。

作为心理过程，主观要人化客观，不仅要有客观条件，而且要有主观条件，前一点我们已经分析过了。主观条件的基本范畴，根据事实来看，是善与爱的范畴。

爱与善是审美心理的基础。美永远与爱、与人的理想关联着。黑夜的星、黑夜的灯、黑夜的萤火，在我们看来是美的，因为我们爱黑暗中的光明，因为它们装饰了温柔的夜。但是，当我们知道了那是对于狼的眼睛的错觉的时候，我们就不再爱它，同时，它也就因此消失了一切的美。同是一个现象，黑暗中幽微的亮光，从形式上、直觉上来说，它们是相同的，但是，人凭自己的知识和主观爱憎，修改了它的美学意义。

在人和物的关系中人们很难设想出一种东西：当它在和人没有利害关系的情形下，我们觉得它是丑陋的，同时又爱它；或者反过来，觉得它是美的，却憎恶它。我们热爱大自然，就是因为我们觉得大自然是美的。我们爱某人，如果不是因为我们觉得那人的外貌是美的，便是因为我们觉得那人的灵魂是美的。反过来，如果我们觉得某人的外貌或者灵魂是美的时候，我们便会爱某人。这些例子是平凡的、浅显的、简单的，但是它的内部逻辑，却有着很重要的价值。

人，永远是社会的成员，是生活中的人，他所感受的不仅是大自然，也有社会生活。因此，当美感的对象是社会生活或类似社会生活的现象的时候，它便不能不染上伦理学的色彩。因为社会的东西同时也必然是伦理的东西，作为伦理的东西，美是与善相联系的。恶的东西总是丑的。

任何东西，只有在不和至善相违背的时候，才有可能成为美的东西。在艺术中，恶的形象总是否定着自己，也只有在自己的否定中，它才能获得美学上的地位。美的东西总是体现着人的理想，善与爱作为一种积极的评价，概括着一切人所要追求的东西，也就是概括着人的理想，因此，美如果离开了善与爱，便无法获得自己的意义。

许多人把美看作客观的东西，因此当他们在研究美的规律的时候，到对象上去寻找答案，尽在一些毫不相干的事物上转来转去，看不见真理。有人说，美的东西，是在个别中显现着一般的东西；有人说，美的东西是"最完美地体现了那在生活中支配它的规律的东西"等等，这些理论都是经不起分析的。要驳倒前一点，只要指出一个事实就够了，有许多丑恶的东西，都是典型中的典型，在个别中显现着一般。

宇宙间并没有一种自然存在的东西，不体现着自然的规律，不体现着自然规律的东西就不会存在到这个大地上来。假如按照季莫菲耶夫的说法，不是凡普天下的东西，没有不美的了吗？显然，事实并不是这样。如果说这是专指社会现象而言，那也是不周延的。没有一种社会存在，不体现着社会规律，阶级压迫和阶级剥削也体现着社会规律，正如狼和蛇也体现着自然规律，难道它们是美的吗？

这种研究的结果，出现了一系列似是而非的规范，如对称均衡、多样统一、和谐鲜明……构图学上更出现了一种叫作黄金律的东西，说是物体按照一比零点六一八的比例安排，就会是美的，诸如此类。事实上，这些都不是美的依据。有些毒蛇身上的图案是组织得很好的，既和谐，又鲜明，不仅对称均衡，而且多样统一（多样统一中有着黄金律所追求的东西）。但是,我们不可能对蛇发生美感。因为人是不爱蛇的,蛇的行为使人想起杀害,和善相矛盾。违背了这两个基本的美学原则,虽然在外部形式上无可指责,蛇却不可能因此获得美。

西方有人把艺术看作客观现实的模仿和反映,他们所持的理论叫典型论。我国也有一种典型论,主张典型的就是平均数,美就是这种平均数,所以美是客观的。他们所使用的最典型的例子是宋玉《登徒子好色赋》中对"东家之子"的描述,所谓"增之一分则太长,减之一分则太短,施朱则太赤,傅粉则太白……"如此等等。他们认为苟能如此,就是美的。既然这样,我们要问,为什么非洲的黑男人就喜欢黑女人,而且认为越黑越美呢?为什么一朵朝开夕谢的野花可以同万古长存的雄伟的雪山具有一样的审美价值呢?这些问题都是客观论、典型论者不能够回答的。

正确的答案永远包含在问题中,美既然是主观的东西,美的规律也只有到主观中去寻找。也就是说,到心理结构的变化逻辑中去寻找,到人类的理智、情感、自由联想等多种心理过程的组合法则中去寻找。只有善与爱是一切组合法则的共同原则,所以只有它适用一切场合。在这些场合，客观事物的形式（真）通过主体的心理感受（理想、信念——善）表现为美。美是真与善的统一，但它更多地是与善相联系而不是与真相联系。

　　人们会问，难道在忘情时人也倾向着善或爱吗？难道欣赏不就是忘情吗？是的，在很多情形下，美的感受可以使人忘记其他一切，忘记生活，在美的最紧张的高度（这紧张往往最不易被觉察），一切别的东西都会消失得无影无踪。这种情形，通常被称为忘情。但是，在事实上，人永远不会完全忘情。如果真的竟完全忘情，美就不再存在了，所谓被美所陶醉，或所谓忘情，实际上就是美的感受压倒了其他一切心理活动。这时候，我们往往并不使用任何词汇，只是惊讶地叹赏着。这是一种无辞的赞美，这无辞之词渗透着爱的真意。

　　这赞美，永远是人的赞美。因为在这种赞美之中，人达到了自己最理想的境界——自由，这种最高的理想就是最高的善。

三

　　雄伟的概念就是美的概念。

这里特别提到它，是因为有人把这两个概念分开。车尔尼雪夫斯基说，雄伟和美是两回事，这是不对的。

雄伟是美的外部形式之一，把雄伟和美分开，就取消了雄伟。太阳、大雷雨、风暴的海、狮子、金字塔、喜马拉雅山、迎风招展的大旗、斯芬克斯、悲剧、正义的愤怒……都是美的，正如同秋星、夜雨、落叶等等都是美的。前者使我们振奋，后者使我们感动。前者使我们凌驾于世界之上，后者使我们和世界合而为一。但无论前者，抑或后者，我们都是使用同一个尺度去衡量的。前者有可能大于我们的尺度，后者则能够与尺度相符合。它们之间的区别是量的区别，而不是质的区别。

所以，雄伟的概念，仍然是一个审美的范畴。既如此，雄伟也必然体现着善与爱。

传说中的恶煞有时往往比巨人更加声势汹汹，但是人们不可能在恶煞身上获得雄伟的印象，因为人们对恶煞憎恨、恐惧的观念，驱逐了雄伟的观念。就数量而言，丑恶也可能是巨大的。仅仅巨大并不能引起雄伟的感受。只有体现着善与爱，才有可能产生雄伟。

车尔尼雪夫斯基的美学，无疑包含着许多深刻的真理。但是，在这一问题上，他的看法是值得再推敲一下的。应当把雄伟的概念和美的概念统一起来，这样我们才能避免那种哲学上的含混不清。

四

不被感受的美，就不成其为美。艺术以人的心理感受为中介，把掩盖在生活中的美之条件揭示出来和组织起来，这就给了这条件以美之生命。

所以，与其说艺术创造美，不如说艺术创造了美的条件。因为，如果艺术作品引起了美感，那么这美不是在艺术家的劳动过程中，而是在读者受到感动的时候产生出来的。所以艺术不等于艺术作品，后者不过是前者的物质媒介。

有谁站在高山上眺望着蓝灰色的大地而能无动于衷呢？"登泰山而小天下"者有之；"气吞万里如虎"者有之；"自非旷士怀，登兹翻百忧"者有之。在广阔的大地面前感到生命的渺小，或者被这古老、美丽的土地所感动而噙着满眶的热泪者有之。"昏昏水气浮山麓，泛泛春风弄麦苗，谁使爱官轻去国，此身无计老渔樵"，因此而产生了复归自然的思想者亦有之。这些都是美,但是且让我们来分析一下我们的大地吧:它是田塍、道路、丛林、池沼、山岗、村庄、冢丛……组成的一个广大的、赤裸的平面。在这平面上活动着的,是生活:人的生活、动物的生活、池沼中的生活与丛林中的生活……而无论是人,是动物,他们的生活都是乏味的、艰难的甚至残酷的,欢乐的时刻是很少的。一切按照它不得不按照的规律完成着自己,一切真实沉没在真实中。这就是一切。可是,当薄雾无声地升起,一切披上蓝灰色的轻纱,显得朦胧而模糊的时候,诗人在自己所站立的高峰上就会被这平凡感动了。也许,灵感会像一只受惊的小鸟似的,在他的脑中突然出现吧,谁知道?如果真是这样,谁能说,这灵感原先就生活在这原野上,如今落到诗人的罗网里了呢?

与之相同,一件艺术作品,不过是一些油彩亚麻布、木框等等的组合,或者语言符号的组合……这一切都不是美。这一切的整体,作为一个活的有机整体,要等待欣赏者的心灵来激活。这种激活,也就是创造。所以同一件作品对于不同的欣赏者可以具有不同的美,所谓"诗无达诂",所谓"有一千个读者就有一千个哈姆雷特",都是说的这同一种情况。

这么比喻并不是说艺术作品和自然景物没有区别，后者是自然形成的，前者则经过艺术家的劳动加工，是艺术家的心理结构的物态化，这里面有本质区别。但是，艺术家灵感的产生，同审美活动中美的产生，其过程具有相同的性质。艺术家把灵感孕育成诗，把它用文字、色彩、音响或泥土、石块翻译成具体可感的形象，就成了艺术作品。所以，我们可以说艺术是艺术家灵感的再现，艺术作品则是再现的媒介。而艺术灵感的内容是美，因此，善与爱的原则，作为美的原则，也就是艺术的原则。

艺术教人去爱，教人从美的角度去看大自然，去看围绕在自己周围的真实世界。因而艺术是人道主义的武器，它教人不懈地向善努力。它教人行动，勇敢地、热情地创造自己的生活。

艺术中的所谓"反面形象"，也就是与之相反的形象——否定的形象。艺术中的乞乞科夫否定着现实中的乞乞科夫，艺术中的答尔丢夫否定着现实中的答尔丢夫。也只有在这种否定中，形象才能获得美学的意义。这种否定性，在现实中并不存在。现实中的乞乞科夫和答尔丢夫总是肯定着他自己，只有在艺术中他才遇到"自己的"否定。所以艺术中的人和事物往往具有生活中的人和事物所没有的美。

现实中的罗亭只会发议论，屠格涅夫的罗亭叫人去行动。而屠格涅夫的罗亭之所以能叫人去行动，就因为他自己是不行动的。我们赞美《罗亭》，是把它作为号召人们积极行动的号角来赞美，而不是把它作为一个健谈者的真实的写照来赞美的。

所以艺术不是"现实的苍白的复制"，艺术是灵感和激情的再现，它创造着美，创造着现实中所没有的东西。我们不能欣赏现实中的乞乞科夫，但是能欣赏艺术中的乞乞科夫，就因为艺术中的乞乞科夫包含着自己的否定，这否定体现着作者至善的愿望，体现着美。

现实中的乞乞科夫是客观的，诗人对乞乞科夫的否定是主观的，当这种否定性通过艺术家的劳动被物态化了的时候，它获得了某种客观性，而当这客观的否定性被欣赏者感受到的时候，它就成了美。诗人为了把自己的灵感外化为具体可感的形象，需要进行一场艰苦的搏斗。

有人会说，把艺术看作灵感的再现，不是把创作活动变成一种翻译工作，取消了艺术家的劳动吗？不。艺术家的全部劳动（包括主题的孕育在内），在于努力完满地表现自己的灵感，亦即表现那激起他全部创作热情的东西。灵感不仅是在创作过程中"形成"的，而且往往是刺激创作动机的东西，往往是先有灵感，而后才有创作欲望，而后在这欲望中又产生新的灵感和激情。不是先有一种空洞的愿望，这愿望使人开始了工作，为这工作才产生了内容的。尽管这后一种情况也不是完全没有。

艺术和现实关系的全部复杂性，反映着人类心理结构及其变化逻辑的全部复杂性，说"艺术是现实的苍白的复制"，就否定了这种复杂性。所以这个说法显然是错误的。把这一错误加以发挥，车尔尼雪夫斯基说：生活的美高于艺术的美。虽然生活和艺术不是对立的，但毕竟还是性质不同的两回事，不应该互相放在之上或者之下。

艺术的美和生活的美是一个内容，虽然它们体现在两种不同的东西上，当人感受着美的时候，他的心理活动永远是用同一方式来进行的。这"同一方式"，就是美感心理不同于其他心理过程的基本特征。所谓审美感受，其实也就是具有这样一些基本特征的经验过程。无论对于自然物，还是对于艺术作品，有了这样的感受，就是美。没有这样的感受，就没有美。不被感受的美，就不成其为美，而美，作为感受，作为内在心理结构的外在表现，它永远是真实的。谁也无法说明，什么感受是真的，什么感受是受了欺骗。因此，我们就无法把这一种感受和那一种感受拿来做比较。感受就是感受，无所谓"这一种"和"那一种"。我们黄昏到河边去散步，为自然所陶醉，与我们读一首诗，为诗情所陶醉，有什么区别、什么相干呢？同样是感受，同样是陶醉，如何比较呢？

五

哲学用概念来说话，而艺术是用形象来说话的。艺术作品的深度寓于形象的深度。而形象，作为美的材料，必然透露着善与爱的消息。

有体现着善与爱的形象，才有可能是美的形象，我们在评价艺术劳作的时候，不仅要看它是否督促人们向善努力，这种愿望是否表现出来，表现得充分不充分，而且要看它是否能启发人们去爱，爱自然，爱人类，是否能够使人们的激情燃烧起来。

善与爱，应当是艺术批评的原则。这原则不仅是从美感产生的规律中寻找出来的，不是人为的，而且是从人类进步的需要中引申出来的，不是任意的。

过去，在许多场合，人们往往不能得到一致的结论，便说别人的感受是错误的，否定别人的感受，互相否定的结果，反而使问题更加成为问题了。

托尔斯泰在读了契诃夫的短篇《宝贝儿》以后，指出这个短篇收到了与作者的企图相反的效果。但是我看了这个短篇，却完全同意契诃夫的态度。我和托尔斯泰是谁错了呢？谁也不错。对于托尔斯泰来说，这个作品事实上收到了反面效果，就和对于我来说，它收到了正面效果一样。我们尽可以说，托尔斯泰错了，因为他的宗教观念压倒了人的情感，或者因为他戴着宗法制农民思想的有色眼镜……如此等等，都可以有根有据，有充足理由。但这是我们在说，在托尔斯泰那一方面，他只是指出一个事实：这篇小说在他那里收到了反面的效果。事实就是这样，有什么错不错呢？如果我们要来否定事实，我们就错了。已经发生的事不可能被否定，我们可能凭我们的意志去修改客观存在，但是不可能凭我们的意志修改既成的历史事实。这里，各人指出各人的感受，谁也不错，谁都是在说事实，谁也不能否定别人的感受。

唐璜和堂吉诃德是作者鞭挞和讽刺的对象，但是，在鲁道夫·洛克尔的笔下，他们又获得了某种肯定的意义，这是事实。都是事实，离开了善与爱的原则，便无法解决它的矛盾。

事实上，奥莲卡、唐璜、堂吉诃德，都是美的形象，因为无论人们如何理解他们，他们都教人行动，教人爱，教人向善努力。无论契诃夫还是托尔斯泰、塞万提斯还是鲁道夫·洛克尔，无论是我还是其他读者，都从奥莲卡、堂吉诃德的形象直接或间接（从反面和侧面）地获得了一种鼓舞和推动力量。

聪明的读者也许会问："如果不指明方向，同时向一个修道士和一个革命家叫道：前进！他们就会向相反的方向走，这中间难道就没有一个人是在倒退吗？"我的美学是不是会像这没有方向的前进令一样呢？不，因为至善的方向只有一个：爱。爱就是生活，爱就是幸福，爱就是真、善、美的统一。至于用什么方式去爱，那是由各人自己决定的。形式无限丰富，所以美也无限丰富。

这个原则是否太抽象了呢？不，它适用于艺术，适用于审美，就像时钟适用于时间一样。钟是根据时间制造的，同样这原则是从美的规律中寻找出来的。算盘和尺固然具体，它不适用于实践。

艺术反映着人类内心生活的全部复杂性、丰富性和能动性，把这复杂性、丰富性和能动性简单化、物质化、规律化，就不可能了解美与艺术的全部涵义，就会歪曲了艺术，降低了艺术。虽然这种歪曲和降低不可能损害艺术家本人，就如同尺和算盘不能损害时间一样，但是却对人类文化的发展极其不利。

六

在美的领域中，诗占着一个非常特殊的地位。同美一样，诗也是一种感受，不过它比美更深微、更复杂、更辽远。诗是美的升华。

同美一样，诗也没有固定的物质形式。就像对事物之一般性的认识用概念的形式存在于人的脑中，诗也只是用诗意的形式在感受中产生出来。诗意是一种十分复杂的心理现象，它主要的是属于感情的范畴。在情感中，诗就是哲理，哲理就是诗，它们的表现就是诗作品。

但在人们的观念中，诗的概念往往被纳入一定的形式，在许多地方，甚至已经被特定的形式所代替。人们看到"诗"这一个名词，总是想起某种文体。渐渐地把这种文体和诗的概念结合在一起，终于模糊了对诗的认识。文学史上曾经出现过一种叫作"哲理诗"的东西,的确,也有人用这种形式表现过许多辉煌美丽的思想,像泰戈尔永垂不朽的诗篇就是一个例子。但是,绝大多数的所谓"哲理诗",只是穿着一件诗的外套,而肉体却是一些思想观念。诗即使比之于美较为理性化,毕竟和赤裸裸的思想有本质上的区别。如果那些东西也称作诗、称作艺术的话,就得修改诗,修改艺术的定义。

诗与它的外部形式的关系,就和人的思想与肉体的关系一样。许多东西虽然借用了诗的正常表现形式仍旧不等于诗,就像"悉如生人"的蜡人不等于真人一样。老是在形式的问题上兜圈子,便无法接触到诗的本质。形式主义在我国曾经发展到这种程度,甚至有人提出要求诗的建筑美,这种说法,即使作为一种技法理论也是不能接受的。

美感发展到最高阶段就成了诗。美是诗的基础。和美一样,诗永远体现着善与爱,不体现着善与爱的就不成其为诗。

果戈理的小说《两个伊凡吵架的故事》,从外表上看,只是一片灰色,可是,这灰色中跃动着多么强烈的生活的渴望啊！就是这渴望赋给了这个短篇以浓厚的诗的特质，如此真实，如此鲜明。

最朴素的语言，就是最美丽的语言，因为语言愈朴素，它就愈接近真与善，从而也就愈接近于诗。真情未必都是诗情，但诗情却必然都是真情。抒情诗最珍贵的特点就是真挚，没有这一点，其他的都谈不上。民歌之所以可贵，原因就在这里。在诗里，辞藻及其结构如果不是表达思想感情的必不可少的媒介，那么它们就同诗毫不相干。因为评价诗，辞藻的华丽、音调的铿锵、对偶的工整都不是根据，首先要看其中有多少"诗"。

好吧，这篇论文就此结束了，这里的全部美学理论，尤其是关于诗的理论，似乎太抽象了，但是对于本身是抽象的东西，我们只能抽象地说到它，否则就会损害它。对与不对，让时代评判吧！

（首发表于1957年《新建设》杂志2月号，收入本书时，文字有修订。）

美感的绝对性

读了人们对《论美》的批评，觉得假定美是客观的，的确给许多困难问题的解决，提供了大大的方便。学着换位思考，我也曾这么试过，觉得还是不行。这是一条捷径，但并不通向真理。

先从大家用过的例子说起。月球的存在，当然是客观的物质事实。但是它之所以能引起人们的美感，并不是它的物质属性。而是因为人把那些在自己的历史中形成的观念如幽阒、静穆之类附加给它了。月光之所以能客观地揭开人的本质的丰富性，是因为它被人化了。这里，人是第一性的，而"被人化了的"月亮（不是物质月球自身）是第二性的，不是很明显的事吗？

月亮的被人化，是因为"人的感觉"被人化了。"人的感觉"本来是自然，和动物的感觉没有区别。历史和社会的发展，把人的内容充实到其中，使它不仅在量上丰富了，而且在质上发生了变化。这种变化表现在，它不仅能把握事物的外在形式，而且能把握事物形式所象征的人的内容。

所谓人的内容是一个巨大的历史尺度，它是在人类征服世界的漫长的历史过程中逐渐形成的。在这个意义上，相对于各个个人来说，它有一定的客观性。但是，历史的尺度之所以不同于自然的尺度，正因为它是以个体的差异和丰富性为标志的。如果所有的人都一样，历史也就变成了进化，社会也就变成了自然，那还谈什么人类生活的价值和丰富性，谈什么真、善、美的统一呢？在这个意义上，肯定个体差异，又恰恰是历史尺度的运用。

美感本身是世界历史的产物，是一种人化了的自然，一种内在的自然的人化（我把它称之为主观条件）对应于外在的自然的人化（我把它称之为客观条件）。美感不可能凭空产生，它的产生有赖于对象形式的触发。对象形式作为客观条件是感觉内容的材料，美是美感用这些材料加工而成的创造物。

我们不能把幽闃、静穆的观念加给一块顽石，就是因为顽石不具有月亮所有的那种条件，这没错。但是停留在这一点上，并不就是问题的解决。因为无条件之条件，将不成其为条件。若问什么是条件的条件，就不能不继续探讨下去，而只要再深入一步，我们就可以发觉，任何客观条件，都必须有主观条件做基础，否则它就不成条件。例如，在有些刮风的黎明或者是傍晚，那太阳真像一个煮熟了的鸡蛋黄，然而我们不是用看鸡蛋黄的眼睛去看它，所以它仍旧是美的。假如这个"殊相"落在碗里，那么它的条件就完蛋了。

当我觉得青蛙是美的时候，你就能在我的心中发觉具有美学特征的心理状态——美感，这美感的对象对我来说就是"客观的"美的。那么它的客观条件是什么呢？是它背上碧绿的颜色和三根金线？是它游泳动作的节奏感？是它在圆圆的幽暗的荷叶上闪闪发光？然而这些对于那憎恶它的人来说却是不成其为条件的。车尔尼雪夫斯基甚至说，它是最最丑恶的东西，"哼！……青蛙是多么丑恶呀！"他说。他指的是青蛙冰冷而有黏液，使他想起尸体。他只是说出了自己真实的感觉，说出了一个确定不移的经验事实。

他没有说谎，也没有说错。

"可是，在这美感中，潜伏着人的社会功利观念，这观念也是在客观社会历史条件下形成的呀！"是的，是这样的。但是，这只是说明了它的产生过程，还不能说明它的本质。在历史唯物主义的角度，我们承认主观是被决定的。但是从认识论的角度，我们又可以把主观和客观加以区别。相对而言，事物的主观方面和客观方面各有自己的特征。美之所以为美，是因为它自己的特征，这特征并不因为它的形成原因而失掉意义。就像生命的特征不因为它是由无生命的物质发展出来而失掉自己的意义一样。

旗帜，可以是一个国家、一个民族或者一个团体独立和尊严的象征。衣服，这是一种商品，或者各个人用以取暖和蔽体的实用品。指出这两样东西都是布做的，指出布是工人用棉花纺织的，棉花是农民种植的，对于说明它不同的上述本质，说明它们作为人化了的自然的意义与价值，毫无帮助。要说明事物的本质、意义与价值，不能离开人的目的性，不能离开它对人的主观的符合。

湖沼之所以成为湖沼，是因为它自己的特征（充满静水的洼地）。至于这个湖沼形成的原因，是地壳陷落还是江流堰塞，与湖沼之是湖沼，并无关系。我们承认美感直觉的"孤立绝缘"的性质是建筑在潜意识的明理知识之上，就和我们承认湖水是安置在泥土上一样。但是，不能忘记，必须这明理知识为直觉所掩盖，美感才是它自己。就如同必须泥土被水淹盖，湖沼才是湖沼一样。如果湖中的泥土露出水面，湖就受到了破坏。同样地，如果这明理知识显露出来，美感也就失掉了自己。因为只有当水（美感直觉）覆盖着泥土（明理知识）的时候，湖沼（美感）才成其为湖沼（美感）。

可见，所谓美的社会属性，即所谓美的功利性质，只是形成美的条件。把这种内在的、沉潜的、非特征的东西拿来作为美感对象的客观性之依据，是理由不足的。敏泽先生不同意我的意见，他说："在一定的历史、社会条件下，对于现象的美学判断存在着一定的社会标准"，这标准"并不因为你不承认、不认识，而不存在"。这话是完全正确的，既已存在着的东西，并不会因为你不承认、不认识而不存在。这一点应该确实记住。

问题在于，已经存在的标准（如果说有这种标准的话）有没有存在的根据和价值。美感内容是随历史

美感的绝对性

潮流和地域的差异而千变万化的,但是,不论它怎么变、怎么化,它总是美感的内容。哪里有这样一种对任何美感内容都不会扞格的标准能让我们去承认呢?

把武训的丑态作为美感对象的人,问题在于他的人生哲学、他所受的教育、他的环境影响和他的素质。至于他的美感,总是美感,一种心理状态具有了美感的特征,那么它就已经是美感了。既已存在的东西,"并不因为你不承认、不认识,而不存在",谁也无法来否定它,要否定它,就得歪曲美感的定义。而歪曲了美感的定义,并不等于就把事实否定了。我们不能因为篱笆插在不适当的地方而说它不是篱笆。把篱笆移到适当的地方去,这才可以。因为它插在不适当的地方而说它不是篱笆,不仅不合理,而且是徒然的。

不可能被否定的东西,就必有某种绝对性。美感具有了自己的特征,它就不可能被否定,因此它是绝对的。基于这一绝对性,美感经验应当成为美学研究的中心。因为不论有多少可能的和实际的变化,一种曾经有过的经验是一种历史事实。世界可以被改造,新的历史可以和过去完全不同,构成事实的事件进程可以停止或转向。既成事实是不会随之发生变化的。

任何既成事实都是不变的。事实可以被遗忘，被忽略，被赞赏、责难或者歪曲利用，同一历史事实可以对于不同的时代具有不同的意义和价值，但它本身绝不会随之发生变化。对于认识来说，既成事实是超越时间和空间的客观存在。问题是你是不是承认它。当一个人对一件事物感到美的时候，他的心理特征就是审美事实。你不承认它，它依然存在。这就是美感的绝对性，也是美学研究必须以美感经验为中心的理由。

这么说，牵扯到的社会标准和个别差异的关系问题，是一个很重要的问题。应该明确地指出，一种社会标准是一种价值定向，它有可能成为美感产生的基础，但它本身不是美感，也没有对于美感的裁判权。它至多只能提供一个由之而看世界的视角。视角是没有裁判权的。

审美活动是一种快乐，这也同幸福一样，如果要问什么是幸福，那么对于这个问题就只能有一个回答：这是一种切身的体验。没有体验到的幸福是什么幸福呢？"社会标准"可以根据一个人所具备的条件（如富足）说某某人应该感到幸福，但如果他实际上没有感觉到幸福，"应该"云云就是无效的。"社会标准"可以告诉一个少女，"这个小伙子从任何方面看都是完美无缺的，所以你应该爱他，如果你不爱他，那是你错了"。不管这个判断如何有根有据，也不管少女理智上是否接受这个判断，她的实际上的爱与不爱都和这一切无关。对于"什么是爱情"这样的问题，回答只能有一个："这是一种切身的体验"。对于"什么是社会标准"这样的问题，说是切身体验就答非所问了。爱的有与无不等于标准的有与无。知道应该爱而不能爱，或者知道不应该爱而爱的例子，难道不是太多了吗？怎么能够把"爱"和"社会标准"等同起来呢？如果你不能把爱与社会标准等同起来，你又如何能把美与社会标准等同起来呢？

当然，社会标准可以通过历史的积淀而进入心理结构，从而进入具体感受，这是毫无疑义的。但这时标准已经转化为体验，不再是单纯的标准了。一种体验往往反映出一种历史地形成的价值定向，或者说社会标准。但这一点并不妨碍体验之是体验，也不意味着应当用对标准的研究来代替对体验的研究。结果来自原因，但不等于原因，这一点是怎么强调也不过分的。

如果把社会学的"视角"一词改为物理学的术语"参考系"，问题的性质就很明显了：任何一个长度

为 l 的物体,当它以速度 v 相对于参考系运动时,它的长度在运动方向上就会缩短。

如

$$l'l=\sqrt{1-\frac{v^2}{c^2}}$$

任何一个历时 t 的过程,再从一个做相对运动的参考系对它进行观察时,这个时间将变长。如

$$t'=\frac{t}{\sqrt{1-\frac{v^2}{c^2}}}$$

这个时空变化效应的著名公式,借来应用在美学上是很能说明问题的。如果我们承认存在决定意识,如果我们承认精神的状态取决于具体的社会历史条件,那么情况完全相同:一个参考系(在这里是一个审美主体)所得到的结论,不论它是多么的确定无疑,当它和另一个参考系(在这里是另一个审美主体)所得到的不同的,甚至相反的结论并列时,这两种结论从它们各自的角度来看同样都是绝对正确的。在这样的情况下,如果企图用同一个标准在两者中间校订正误,区分是非,则不但没有任何物理意义(在这里是美学意义),而且是完全不可能的。

美感的绝对性

就价值而言，公鸡认为一粒麦子比一颗珍珠更贵重，这是任何标准也无能为力的。珠宝商可以说公鸡错了，但是他这样说不过是把他的价值标准强加给公鸡罢了。公鸡的价值标准和他不同。这是合理的，也是必然的。在这两种价值标准之间没有是非高低之分。如果他一定要把他的价值标准强加给公鸡，那就错的是他，而不是公鸡。

同理，珠宝商之所以只看到珠宝的经济价值而看不到它的美的价值（光泽的美），就因为他的价值标准里没有美的地位。他感觉不到并不存在的东西是无可非议的。你可以说他庸俗，你可以说他低能，而且你是对的，但你的指责并不能创造他的美感。因为美是事实，不是标准，也不是理论。事实胜于雄辩。

我这样说不是一般地否认一切价值尺度的有效性，我们只是强调指出一种量度工具只能适用于某一种或某几种运动着的物质事实，不可以用一种非美学的量度来衡量美。说一件事物有可能引起美感，这是一回事；说这件事物本身是美的，这又是一回事。这是性质完全不同的两回事：前者是对一种几率，或者可能性的描述，后者则是对事物固有属性的描述。后者之所以肯定是错误的，是因为它把事物所引起的经验当作事物本身的属性了。

经验是变动的,事物作为客体,则是相对地固定和持久的,它还能再次引起经验,但不一定是相同的经验。这是一方面。另一方面,经验是属于个人的,事物作为客体,由于可以同时影响许多人的经验,相对而言是属于社会的。这里我们应当区别三个层次:第一,事物不等于经验;第二,经验不等于社会性;第三,社会性不等于客观性,更不等于客观标准。把这些不相干的东西搅在一起,是不能为美的客观性提供任何证明的。

幸福的条件不等于幸福,爱海的人住在海边感到幸福,爱城市的人住在城市里感到幸福。海和城市都是幸福的条件。但它们是否构成幸福,却取决于主体的心理感受。例如,如果把上面所说的两种人地位对调,他们就谁也不会感到幸福了。假如这时有人说:"这幸福的条件是客观地存在的,我们绝大多数人只要具备了这条件,就已经幸福了、满意了,所以,幸福就是这条件的意义,他感受不到这客观的幸福,并不就是这幸福不存在。"我们听了,不是会不禁哑然失笑的吗?因为大家都知道,在他,幸福确实是不存在的。

绝大多数人喜欢的东西可以构成绝大多数人的幸福，但如果没有构成他的幸福，那么绝大多数人是无权也没有可能来否定他的这一经验事实的。对于美，我们也应该这样理解。客观因素只是美的条件，并不就是美。美是审美主体的经验特征，而不是审美客体的形式特征。说一种审美经验是一种审美经验是同语反复，但是，说一种引起审美经验的事物是一种美的事物则不是一种同语反复。因为后一种说法意味着对该事物不可能有别的判断。这是错误的。因为它可能在不同的条件之下使我感到丑，还可能在同一使我感到美的条件下使其他人感到丑。

说引起美感的事物是美的事物，这句话说得可以懂，符合文法规则，但不正确。因为它实际上是说，它有可能引起那个经验它的人在经验中的美。一次这样的经验的产生是一个事实，一个人的一次经验事实只有或然率的意义。许多人的经验事实只有频率的意义。都绝不是美的客观性之依据。客观因素只是美的条件，并不就是美。正如未体验到的幸福或爱情不是幸福或爱情，未体验到的美不是美。

"那么，艺术家们到自己内心去找寻题材好了，为什么还要到罗马、维也纳、佛罗伦萨去呢？他们去寻求什么呢?"在回答宗白华先生的这个问题之前,请让我也问一个问题:"既然大地上没有客观的、现成的幸福,那些漂洋越海的商人和淘金者去寻求什么呢?"假如这个问题容易回答,那么前一个问题也一样。宗白华先生指出,美学是和伦理学密切关联的,但是如果把善与爱作为美的主观条件,就把美学和伦理学合并了。这个意见很珍贵。我没有把美学与伦理学的界限划清楚,是一个严重疏忽。感谢宗白华先生给我指出了这一点。

我说在审美活动中,主观条件的诸因素之中最重要的、决定性的因素就是善,是因为善是引导人类走向生活、走向幸福的东西,所以它是一种价值,这价值代表着人类最高的目的性。而美感正是按照目的性来塑造或者"反映"形象的。所以善与美的关系,也像前面所说的社会标准和个别差异的关系,它们是互为表里的。在这个意义上,孔子"里仁为美"的提法和车尔尼雪夫斯基"美是生活"的结论都有道理。

"里仁为美"之说,把美和善看作是一个互为表里的统一体。善是内在的美,美是外在的善,前者诉诸理性,后者诉诸感性。前者的归宿是行动,后者的归宿是经验。二者都不能离开人类的生活的目的性,不能离开事物所从之而获得价值的诸关系，包括人与人、人与社会以及人与自然的关系。在审美过程中，前者常常是潜在的原因，后者常常是外在的结果（当然，作为过去一切的结果，它又是缔造未来可能性的原因）。归根结底，没有前者就没有后者。前者包含在后者之中但不能代替后者。前者是后者的基础，后者是前者的表现。

"美是生活"的定义宣称："凡我们在其中看到生活，一如我们所愿的，便是美。"这，如果把它作为一个主观条件来看，是对的。因为它把美和人，和人的生活、人的主观联系起来了。生活的妙处在于多种多样，所以单调的节奏、死气沉沉的风景，都是不美的。美的形象未必是有生命的，但必须是活的和生动的。一块生动的石头可以是美的，而一只死气沉沉的猫则必然是丑的。因为前者虽然没有生命，却具有生命的意味，后者则反之，故前者美而后者丑。

如果单调的、萧瑟的东西显得美，那么在美里，它们必定仍然是生活的象征。例如沙漠和雪原的美，是某种意志和人格的象征；荒凉的道路和萧瑟的秋林，是逝去的幸福的象征。我们面对着这些景色所体验到的振奋和忧伤，是推动我们向生活前进的力量。

我们所能得到的幸福也许是极有限的，但如果只能得到这么多，那么我们常常也愿意得到它。所以荒原里的小径仍然使我们产生一种忧伤和怅惘。"川原迷旧国，道路入边城"，这些都是美，它们不等于善，但归根结底和善是一致的。

我们根据对最高利益的判断，可以把善、恶、美、丑，或者别的价值词，任意应用到这些客观事物和它们的性质上面。在审美的情况下，这些客观事物和它们的性质是作为直接经验的因果关系而被感知的。正因为如此，我们常常不加区别地把这些因果关系看作事物本身的性质，我们才常常把美与善都集中到同一事物上。当我们有意识地这样做、通过实践这样做时，我们就是在进行艺术创造了。

在这个意义上，我们把艺术看作是一种人类向善努力的产物，一种人道主义的武器。在这个意义上，我们把艺术创作活动看作是一种有意识的创造，而不是纯粹无意识的活动。虽然灵感和激情的出现是无意识的，但是第一，灵感和激情的出现是包括意识活动在内的心理能量长期积累的结果。第二，把这灵感和激情翻译成具体可感的形象是一场艰苦的搏斗，没有意识的参与是不能成功的。所以，从本质上来说，艺术应当是人类有意识的创造。不承认意识,也就排除了一切可能的价值,包括审美价值和道德价值。

艺术是人有意识的创造,在艺术中凝结着人的情感与观念,所以艺术是艺术家心灵的再现。不论这再现如何借助于外在客观事物的现实形象,在本质上艺术和哲学、科学存在着区别。科学和哲学的对象是对象自身,而艺术的对象是被人化了的对象,这人化了的对象虽然不能脱离对象自身,但它却具有一种特殊的、为对象自身所没有的人的内容。艺术中的自然是人的自然,自然中的自然是自然的自然。艺术之所以比自然可贵,就因为它是人的,而自然,除了它自己以外,便再没有别的了。

在《论美》一文中,我以罗亭、乞乞科夫、答尔丢夫为例,说明了这一点。敏泽先生反驳说:"艺术中的乞乞科夫的获得普遍的美的意义,正是由于作者真实地、现实主义地再现生活的结果。"这里,敏泽先生的错误在于,他把艺术的手段当作了艺术的目的了。这种看法间接地把艺术溶解在哲学和社会学中,这就取消了艺术。

艺术是用形象来说话的,形象来自现实,这是不容讳言的。但是,描写现实,在艺术家只是一种手段,一种把自己对生活的理解、把自己的思想感情带到外界来的手段。艺术家用现实材料筑成一座桥,好让那些活在他心灵深处的珍贵的东西,可以通过它,走到他的身外来。例如现实中的乞乞科夫是他自己的肯定,而艺术中的乞乞科夫却是自己的否定。艺术中的乞乞科夫因此就有着和现实中的乞乞科夫完全不同的意义。除了作者的主观感受、作者的善与爱以外,现实中哪里有这样一种现成的否定性来让他复制或再现呢?而"艺术的乞乞科夫"的生命,就正是维系在这一点否定性上。

"现实主义应该反映事物的本质属性",这是对的,但是,事物的本质属性从艺术的观点看来,具有着特殊的内容。这个内容就是艺术家心灵的感受。假如艺术不是把艺术家灵魂深处的东西带到外界来的桥梁,那么它就什么也不是。事物的本质属性及其反映本身是不能构成艺术的。希什金的森林之所以不同于一张科教图片,并不是因为它们一个反映了事物的社会性,一个反映了事物的自然属性。而是因为前者是思想感情的符号,而后者只是再现了现实。谙熟森林的社会功利价值的人无过于伐木者,但是在伐木者看来,一张科教图片要比希什金的森林更好,因为在希什金的画上，许多虽然在功利的眼光看来是很重要的，但是在艺术的眼光看来却是不重要的细节都被艺术地概括掉了。

明明是风吹树叶，却说是大自然在叹息，在科学的观点上看来，这岂不是荒谬绝伦？然则，难道这不是真理吗？这是真理，但不是科学的真理，而是艺术的真理。艺术的真理是不能用科学的标准来衡量的，也是不能用所谓的"社会标准"来衡量的。在这个意义上它是绝对的。

"美与善是一致的，而善是社会的，既如此，怎么又说社会标准的美是无效的呢？"这是因为，美的实现只是由个人的体验来确证的。能确证前者的手段，并不能确证后者。所以知识不能否定感受，科学不能否定艺术。由此，美感的绝对性又可以引申为艺术的绝对性。

这个判断与风、叶的一般意义上本质属性无关，固然是不必说了，特别要提出来的，是我们对于它的这种感受也没有社会功利内容，因为我们并没有想到叶子给人遮住了太阳，或者它借光合作用调节了空气；也没有想到风推动了风车，风车推动了水。假如我们想到这些，那么，无论我们怎样把它表达出来，它也不能成为艺术。即使采用了十分美妙的形式,那也不是艺术的形式。

艺术之所以是艺术,不是因为它的特殊形式,而是因为它本质上是艺术的。艺术的美,也和自然的美一样,只是属于那些能感受到它们的人们的。人的心灵是自然美之源泉,也是艺术美之源泉。如果你有能感受美的眼睛和耳朵,那么,美就"客观地"在你的周围,所有的艺术作品对于你就是活的。如果你没有这种眼睛和耳朵,那么,任凭你到哪里,佛罗伦萨也好,长江三峡也好,你除了看到一些油画、雕像、古堡、山、水和林木,听到一些有节奏的或似乎有节奏的声音以外,你又能找到什么呢?

(首发于1957年第7期《新建设》杂志,收入本书时,文字有修订。)

美感与快感

一、努力是生存的本质

在无边无际的浑沌太一之中，有机生命的出现纯粹是偶然的。除了自己保卫自己的那种努力，它找不到别的生存依据。努力是生命力的本质，因而也是生存的本质。对于生存者来说，虚无也是一种实在的东西。生存者走过无边的虚无，就像军旅走过敌人的领土。它必须时时补充给养，更新武器。它必须侦察敌情，探测地形。它必须挖掘战壕，开辟道路。而这一切都是为了战斗：同熵流，同本体论意义上的虚无战斗，以争取自己的生存。一旦这种努力停止，生存也就停止了。

即使是那种把生存看作是强加的义务或不可逃

避的命运，从而以懒惰来抗拒，以懒惰为对存在的占据、相反地把努力当作被征用的生存者，他为了生存也不得不努力。即使在食宿起居中的、生物学上的需要满足以后，他也不得不努力：要么在懒惰中把自己弄得疲劳不堪，要么设定和追求某种更高的人生价值，实现他的自我。二者必居其一。

自我是生存者，又是存在者。只表现出自然性和社会性的人不是存在者，只有表现出自由的、独特自我的人才是存在者。生存是保卫自己的努力。存在是开拓和创造自己的努力。但是为了存在，人首先必须生存。存在与不存在的问题是以生存为前提才提出来的。生存者是活着的人。对于存在者来说，仅仅活着是不够的，他还需要更多。

为了创造更多，人创造了文明与文化，也创造了价值论意义上的虚无。本体论意义上的虚无人人一样，价值论意义上的虚无因人而异。例如，当僧侣放弃社会地位时，他是在放弃某种身外的累赘或危险；而当官员这样做时，他就是在放弃自己。

没有自然层次上的生存者，就没有社会历史、文明与文化层次上的存在者。生存与存在的关系，是生命与文化、物质与精神、本体与价值等关系的映射和抽象。所以与存在主义者如海德格尔等人把存在作为本体论范畴、把生存作为现象论范畴不同，我把生存作为本体论的而把存在作为现象论的。我强调生存与存在二者统一于个体；感性与理性二者统一于文化。同时我强调，在自然的层次上个人是手段，只有在社会、历史、文明与文化的层次上，个人才是目的。

本来，生存者与生存者都是一样的。生存者进入存在者是在人作为生存者的活动导致形成文化，并以文化（直接地是以语言符号、抽象思维的应用）为中介互相之间出现个体差异的时候。也就是说，当生存者由于自己的特点以个体的身份出现的时候，他就进入存在者的角色了。

为了争取存在，那些独一无二的和不可重复的东西就成了目的，成了价值，成了与之相应的实有和与之相对立的虚无。所以存在并不是唯一的和同质的东西，对于不同的存在者，事物的性质及其关系结构都是不同的。

人作为类存在物只遵循自然的以及历史和社会的必然。作为个体存在物则在追求自由的过程中既实现了超越自我又生成了类的特性，并为类拓展了选择的可能与契机，扩大了生存的领域。这种超越打断必然的链条，不断把偶然因素注入历史甚至自然，以至于人类的自由成了历史甚至自然的必然。这在归根结底的意义上是人类作为一个物种进行生存努力所取得的胜利，也是作为个体的自我所创造的那些独一无二的和不可重复的东西的全人类价值。

个体差异的形成必以文化为中介。文化的发展又依赖于个体的差异和多样化。相对于物质文明而言，所谓文化一般是指语言符号系统。卡西尔因此把人定义为"符号动物"。这个定义值得重视和研究。但是我们在引进它的时候必须十分小心，防止在对之作价值论的处理时忽略了它更根本的本体论性质：文化或语言符号系统不是放在那儿被人利用的现成的东西，而是生存本体的内在产品，是生存本体的一个透明的维度。应当从一元论的角度，而不是从"主体—对象"的二元模式去思考它。

文化、精神的机能和特性，精神领域形而上世界的多元性质和它的各种抽象维度，作为一种人所创造的人的活动空间和人的生命力的功能，归根结底还是要在更高层次上保障和加强生存。所以文化精神的活动及其场所形而上空间，以及个体生命追求自我实现创造存在价值的活动，本质上仍然是人类生存努力的一部分。

由于异化，人的生存努力有时不免有害于生存，比如自虐、自杀、盲目牺牲之类"生存的虚无"，也是常有的。但这种情况的出现，如果不是人本主义者所说的两害相权取其轻的话，实际上是由于心理障碍和精神疾患。精神疾患早已像一块鲜明的路标，警告人们此路不通。而其一切心理治疗的共同原则，都是把文化精神和生命本体统一起来。只有这种统一，才能引导我们找到问题的根本。

凭借语言文字符号及其逻辑联系，人在形而上世界的抽象维度中行动，如同在形而下物质世界的物理空间之中行动，行动的法则规律方式不同，要达到的目的则相同，即增加生存的机会。在这个意义上，即在横跨物理的、生物的和心理的最广袤的宏观意义上，社会和自然，历史与进化，文化的价值与生命的价值，以及互相作为坐标和参照系的不同地域、不同时代和不同民族的不同文化，所有这些人类生活的层层次次、方方面面，都无不由于抵抗虚无这一共同任务而结合为一个以生存努力为核心的统一的、同向的过程。

在这个过程中，由于物种生存努力的需要，个体生命通过遗传、文化、从整体生命（物种）所获得的全部机能和特性，都无不是在与虚无的战斗中形成的并为了整体生命而战斗的。一个生命体岂只是武装到了牙齿，而且是武装到了内脏、血液和骨骼（抗体、白血球等）。以至于在整个生命体中，除了用以生存、保卫生存和开拓生存的事物，已经不可能有任何多余的部分了。生存努力维艰，任何多余的部分，对于它都是一种负担不起的奢华。

生物学中有一种学说，说进化像修补一样。即使像修补一样，那修补也是一场紧张的搏斗，就像飞行物在太空轨道上排除故障的时候。也像太空飞行物进入太空需要多级火箭助推，生命为突破虚无、突破熵最大值的引力也需要无数个体的新陈代谢。我们看到，许多种动物性交或产卵以后便死去了，尸体成了异性或下一代的食物。我们看到，许多植物开花结果以后便枯萎了，枝叶化为腐土，成了下一代的肥料。这种情况，其实是一切生物生存状况的缩影。

我们每个人都是带着一到时候就会自动关闭免疫系统的机制出生的。就此而言，个体生命本身并不是目的，个体生命来到这个世界并不是为了休息和懒散，而是为了战斗，不仅是为自身而战斗，而且是为物种而战斗。那些不可重复和不可替代的个人，不论他的特性和创造力对人类进步有何贡献，他的生存与存在仍然是人类自我设计、自我塑造的手段。（即使没有特点没有创造力的个体，也起码是人类繁殖延续的手段。）

社会把个人当作目的有利于每个人发挥创造力推动人类前进。这样的社会发展就快。那些压制个体差异和个人自由的社会之所以是黑暗的社会，就因为它阻断了自己发展的道路。所以社会历史层次上的个人是目的论，同自然层次上的个人是手段论并不矛盾。

证明"人是手段"的最基本的事实，就是每个人，不管成就大小，都要死。"王侯蝼蚁，毕竟成尘。"无论日新月异的医疗技术还是魔术般的生物工程，都不能在这铁的必然性之网上打开哪怕是一个微小的窟窿。

把自我绝对化了的个人不能接受这个事实。面对着深渊，他寻求逃脱，于是创造了各种神话、宗教、陵墓、碑文、来世转生证词以及各种仙术丹方，"征帆一片绕蓬壶"。这一切确实缓解了具有死亡意识的人类在临界状态下所感到的深深的恐惧。它们的意义都不是"非生产性的开支"可以一言以蔽之的。基于死亡意识的焦虑阴影般徘徊在精神生活的各个角落，必然要消耗掉人作为战斗者的大量精神能源。为了避免无谓的消耗，节约精神能源以集中用于生存努力，人类关于永恒、神秘的种种观念，以及存在于科学禁区里的种种幻想都无不是有用的。在这个意义上，我同意C.荣格把人类对于来世的信仰称之为"古代的长生不老药"。荣格的意思是它有助于保持心理健康；我的意思是它有助于保持生存努力的势头。健康的心理，也像健康的身体，是进行生存努力的必要条件。

二、快感与美感是生存努力的工具

生存和存在都是努力。生存者先于存在者。生存努力是一切人生问题的根本；存在的努力归根结底是为了增强生存的努力。一切存在问题都无不指向生存这一核心。正是在这个意义上，生存者与存在者又是同一的。

基于此，人类的生命力又可以划分为：一、生存层次上的原始生命力，它是本源，植根于自然；二、存在层次上的感性文化动力，即简称的感性动力，它是派生的，植根于社会历史。快感（也包括负快感即痛感）是前者的一个表现，美感（也包括负美感即丑感）是后者的一个表现。快感与美感都是生存努力的工具，是生命力在其发展的不同级水平上所使用的同一类型但又有区别的工具。

　　快感的工具性是十分明显的。假如我们身体内缺少水分时我们不感到焦渴的痛苦，我们就会渴死。焦渴的痛苦作为一种内在的驱动力迫使我们去寻找水源，实际上是生命力自我保存的一种手段。焦渴时饮水的快感也是如此：它引导和诱使我们对饮水发生强烈的兴趣而不自觉地保持健康。焦渴的痛感和饮水的快感是同一枚钱币的两面。其他所有的痛感（包括恐惧感和其他紧张心理）和快感（包括安全感和其他愉悦心理）都是如此。一切的痛感和一切的快感都在引导生命体趋利避害这一点上合而为一。任何快感或痛感的麻木，都是生命力衰退的表现（请想象一下契诃夫《第六病室》中的那个"桶子似的"农民）。

　　任何一只猫或任何一只狗都没有读过《本草纲目》。但是，尽管它们都是食肉动物，在患某种病的时候，它们都知道去吃某种可以治这种病的草。我相信它们事先一定不会想到世界上有这种草存在。这类至今没有得到科学说明的动物们的奇妙的本能还多得很。在这些方面,人也许不能与动物相比。但人的感觉作为生存的工具,其功能的性质则是一样的。我们吃瓜果蔬菜觉得好吃,吃泥土和树皮觉得不好吃。味觉的这种鉴别力,引导我们去选择某些营养丰富的食物,其作用是巧妙的。医学科学告诉我们,我们体内缺少某种元素是我们特别爱吃含这种元素的食物的原因。一般人不知道这个原因,更不知道自己体内缺少什么元素,需要补充什么。但是味觉的指点使我们在黑暗中不致迷路,能准确地找着有利于生存的目标。目标一旦实现,嗜好也就随之改变,而引导我们去寻找新的目标(烟瘾、酒瘾等是病态,不能作为反面的例证,也不在论述范围之内)。与之相同,触觉、嗅觉、视觉等等的快感,就其功能而言,都无不是指向这一目标的。

很难想象,如果没有感觉的奇妙功能,人类能发展到今天。感觉,是物种的发展在物种的生态环境中能动地形成的。深海鱼类的眼睛不同于猫头鹰的眼睛,而在暗夜里飞翔的蝙蝠则靠声呐装置捕捉对象。它们在太阳光下就盲了。超出环境和需要的,没有对象的感觉是没有的。

由于意识的、语言的异化，文化和文明中的人类在双元宇宙中过着双元生活（思辨的—精神的和物质的—肉体的），并由于语言、符号、科学技术的运用而面对着多重现实（以自我为对象，以客体为对象，都构成不同现实。此外还有由语义的、文化的、社会关系的和自然的等等不同视角所构成的现实）。不论是好是坏，人已经没有可能逃避由他自己的活动造成的这个结果。

人在不断创造新现实的过程中不断更新自己的存在方式，形成复杂多样的个体差异，开拓出一个非物理的、非心理的、多向度的和多层次的活动空间，五官感觉仅凭它单向度的、肉体的生理机能已经无法在这个扑朔迷离的空间里为人导航了。所以在人的自我更新过程中，人的感觉力也在相应地发展——愈来愈从单向的、具体的、直接的实用活动，进入综合的、抽象的、间接的，因而表面上看起来是无用的活动。而愈来愈能够多维地、整体地、更能动地（评价性地和建构性地）从形式上把握复杂的、运动着的、有时是抽象的、非现实的（以可能性方式存在的）对象，以至于能够在历史和文化的迷宫中为人导航，引诱人们越过一层又一层的幻影的森林，去多方探索和追求自己的最佳（它是随机的）存在方式——离虚无最遥远（它是相对的）的存在方式。

于是这样的感觉，成为一种不可剥夺的内在需要，一种自为动因的内部驱力，与相应的情绪、情感体验一道参与形成自我，形成更高层次的各类需求与动机，进而伴随更高级的情绪、情感体验，构成一定的意欲与态度，从而成为特定的动力系统。这个动力系统，我们称之为感性文化动力。它的生成，也就是生存层次上的原始生命力，向着存在层次上的感性文化动力生成。这种生成并不扬弃原始生命力，而是原始生命力的一种丰富化和强化。

这种丰富和强化的过程，是一个漫长的、复杂的、充满偶然机遇的，因而也是曲折多变、不可以事先给定或预料的过程。但事后的追溯却可以给我们许多有益的启示。例如共性（快、痛感）—生存、存在（努力）—个性（美、丑感）三者之间的关系；生命本体—类整体生命—个体生命三者之间的关系；自由—存在方式的选择机制—纯形式三者之间的关系等等，都可以由这种追溯得到说明的提示。事后追溯所根据的是既成事实，而所有的事实，联系起来看，都无不是生命力在阻力中运行所遗留下来的轨迹图案。

假如我们毫无目的地重复着单调刻板死气沉沉的生活而不感到烦闷无聊，不感到空虚的痛苦，那么社会就会停滞和腐败，人种就会衰退。厌烦与空虚的感觉，本质上是处于生存中的生存者的一种激奋，一种为突破单一而进行的生命力的动员和调动。这种感性动力作为一种内在的驱力迫使我们去追求变化、差异和多样性，追求偶然效应。这实际上是处于文明和文化中的人类生命力在更高层次上自我保存、自我发展的一种手段。它的使用导致美感的发生。

偶然性之成为美的要素之一不是偶然的。我们的美感对偶然性的追求实际上是诱导我们突破单调沉闷的必然局面、开辟新的生活道路的手段。它同我们对大一统局面下麻木庸俗的反感（即丑感）是同一生命力的两种表现，它们在引导人类追求进步、反对保守这一点上合而为一。

没有美感是一个人精神力量孱弱的表现。正因为如此，审美活动作为人类为扩大现实（多重现实）世界而进行的精神生殖活动，其性质与肉体的生殖活动在根本上是同一的、一元的。把审美的快乐与生理的快感联系起来看，这一点十分清楚。性交的快感，是生命本体为战胜虚无而创造出来吸引和推动个体生物去执行繁殖任务的诱饵与奖赏。在这个意义上它恰如驯兽师丢给一头豹子的肉。目的一旦达到，工具不再有用，快感立即消失。性高潮后刹那间火冷灰飞、虚静空无的境界，一方面与死亡相似，一方面与解放相似，一方面也与美学家们所说的"无差别境界"相似。"豪华落尽见真淳"，高潮的到来同时也是衰退的开始。如此周而复始，这个过程也就是个体生命不断使用和支出其活力的过程。在这个意义上，那些把爱与死联系起来加以考察的存在心理学家的意见是对的。性爱的道路作为付出生命力的道路也就是走向死亡的道路，是通过逃避死亡走向与死亡的同一。如果我们反过来，从整体生命——物种的角度来考察这个问题，同样也可以说，爱是通过生命力的增殖来战胜死亡与虚无的。正反两面正好互相印证，说明性爱及其快感本身都只是手段而不是目的。

与之相同，审美活动（包括艺术创作活动）像肉体创造生命一样创造着形式，一种以其构成呈现出新生活的地平线、呈现出新的存在方式的纯形式（它可以是具象的，也可以是抽象的）。由于不同个体有不同的美感，呈现出来的无限多样的形式也就无限地增加了作出最佳选择的可能性，从而为人类提供更多的选择机会以加强生存下去的可能性。肉体的生殖和精神的生殖在这里殊路同归，归一于生命、存在与虚无的悲剧性的抗争。

为诱导人们去进行这一场没完没了的努力，生命本体安排我们在这个过程中体验到快乐。包括审美的快乐和性交的快乐。所以行为一经完成，努力一旦实现，作为诱饵和奖赏的快乐不再有用，也就立即消失。一切高峰体验都是这样，都是倏尔即逝而在刹那中创造出最大的价值的。这说明它绝不是什么非生产性的开支。生命本体作为一个战斗者付不起这个开支，就像航天器上负担不起剧院与舞厅。

正如性欲使生物体千方百计、奋不顾身地克服一切自然障碍去寻找异性并与之交配，在这个过程中激发出强大的生命力，美感使人千方百计、奋不顾身（不顾自己的健康与安全）地克服一切社会障碍去寻找自己的最佳存在方式——自由，在这个过程中燃烧起灼热的激情、智慧与英雄主义的献身精神。交配是维持生存的活动，自由是开拓精神空间，扩大现实世界，从而在更深远的意义上维持生存的活动。两种活动都使人体验到快乐不是偶然的。高峰体验后刹那间的空寂并不是真空寂,它是光的灵魂经由我们的意识投射在黑暗阴冷的虚无之上的轻痕,就像黎明前室内的灯光把我们的阴影投射到窗外的浓雾中。

不消说,反过来也一样,我们对各种各样丑恶所感到的愤怒、轻蔑、憎恶、厌烦等等,以及无法用语言表达的各种反感心理,也同我们对美的爱悦一样是一枚钱币的两面,正如我们肉体上的快感与痛感是一枚钱币的两面。如果正反两面的体验都无,则我们就会感到空虚。而空虚感之使人难以忍受,恰恰又是迫使(既然不能诱使,那就只能迫使)我们追求新生活、新存在方式的动力。在这个意义上,即使是痛苦的生活,充满忧患的生活,也比空虚的生活要好。空虚迫使人逃到痛苦里去,然后在痛苦中再生。这是真正的生存活动。那些在困境中取代真正生存活动的替代活动如集邮呀、养鸟呀、斗鸡呀、让狗到家里来演一场狗把戏呀、由于无聊而攻击别人或拿别人开心呀、骑着摩托车"暴走"呀、反复重新摆设家具呀、看武侠小说呀等等,或无害,或有微害。与被英国动物学家德斯蒙德·莫里斯称之为"追求刺激的斗争"的那种种活动不同,审美活动作为真正的生存活动都无不具有突破困境的性质。

这种性质是一切审美价值的根源。正因为如此，能否不断创造审美价值是一个人精神生命力强弱的标志。

没有性欲是一种生理疾病，起码是一个人肉体生命力衰萎的表现。同样，没有美感是一种灵魂的贫血，是一个人精神力量孱弱的标志。而在归根结底的意义上，由于精神和肉体是同一的，所以美感和性快感以及任何其他快感在一元论的意义上也是同一的。审美的快乐之所以表面上看起来是目的，以至于许多美学家们都把它看作是目的，从而强调审美快乐的"无目的性"、"非实用性"、"孤立绝缘"性、"心理距离"性等等，以及在上述意义上的把审美活动与游戏相提并论及从这里推导出为艺术而艺术的唯美主义原则和艺术创作过程的无意识性等等，这仅仅只是因为：唯有当手段本身升华为目的时手段才能最有效地发挥手段的功用。手段的目的化过程本身是手段的强化过程。

三、快感的守恒性与封闭性

这并不是说，美感与快感在自然层次上就没有区别。我说二者本质一样，是指二者作为存在与虚无斗争的手段，作为生命力诱使其个体趋利避害的工具，本质上是一样的。但工具和工具不相同，正如人和人不相同。二者作为生命力的差异，比之于美学家们在社会历史的层次上所强调的那些差异还要明显。相对于美感的能动性与开放性来说，快感的特点是它的守恒性与封闭性。

组成生命的生物物质极易分解。组成物种的个体生命极易受到危害。例如一个人，树皮可以擦破他的皮肤，几分钟的缺氧或过冷过热都会导致死亡，所以他对外界条件的依赖性很强，害怕经常发生意外的变动。这是社会历史中的人的保守性的生物学上的根源。它是人这个物种所固有的本性之一。

物种是由环境形成的。人类也不例外，为了适应环境，有机生物需要经过几百万年时间的摸索，才有可能相应地在生理上引起一点微小的变化。一旦完全适应，便都不再改变。因为只要环境不改变，再改变自己就又不适应了。于是守恒就成了动物的一种特性。

我们的各种器官及其功能，都是在大自然中经过亿万年适应环境的演变试验，逐渐进化而来，与我们的生态环境如此协调地统一着，以至于已经无法分开。鱼之于水，骆驼之于沙漠，企鹅之于层冰积雪的极地，都是不可分割的。人也是一样，我们一代又一代地安然于养育我们的环境，觉得我们生活于其中的环境理所当然，是因为我们已经适应了它。如果我们和环境之间有什么局部的不适应，我们通过感觉的功能就会及时发现及时予以调整。对于生存来说这是非常必要的。为了保存物种及其个体，感觉功能起一种警报器的作用，或报忧，或报喜，都是为了适应环境。

为了适应环境，快感（——痛感）敌视变化而追求守恒。例如冷、热、温暖的感觉，它们所给出的舒适或痛苦的体验都无不是为了保持一个略低于体温的固定温度。换言之，它的快感表示的是条件没有变化，痛感表示的则是变化了。人追求快感而逃避痛感，实际上也就是逃避变革而顽固守旧。其他感觉的功能目标可以之类推。所以由各种快感所呈现给我们的舒适环境，实际上也就是那个养育了我们和我们的祖先的固有环境。这一点可以说明，为什么那些落后山村里保存下来的古老的民间艺术和失落了又被"寻根"作家们发掘出来的遥远往昔的风俗习惯，对于我们的灵魂总有一种亲和力。这一点也可以说明，为什么我们对于任何不同于公认的、传统的、我们习以为常的东西，以及对于任何倾向于要求打破常规、变革现状的言论和行为总是本能地抱着某种敌意情绪。顺便说一句，在这个意义上，被格式塔学派称之为美感的那种张力结构的内外对应（不论是同质异构还是异质同构），有许多其实只是快感而已。

快感（——痛感）敌视外界环境的变化而追求守恒，所以它本身也是没有变化的和守恒的。感觉没有个体差异，不论是商人、学者、流氓、宗教家、王公贵族还是平民百姓，如果处在同一环境里，要冷都感到冷，要热都感到热，要闷气都感到闷气。这种同一性是同快感没有变化和守恒的特性相一致的。因为守恒，所以快感不厌烦重复。各地都有传统的食物和传统的口味，江浙人炒菜爱放点糖，四川人则讲究麻、辣、烫。他们愿意这样一辈子吃下去，味道一变就觉得"吃不惯"。大米、馒头天天吃，天天一个味道，天天都觉得好吃。每一次味觉快感的经验都同以往的一样。性快感也不例外，无数次性交所体验到的快感都是一个样的，并不由于重复而觉得腻味，还愿意再重复下去。这是生理快感的特点。这些特点所呈现出来的是人的守恒性。

我们惧怕不可知的命运，甚于惧怕久已习惯的苦难。苦难一旦习惯，就会使我们在其中感到安全、舒适和理所当然，而把任何改变现状的可能性的显现都看作荒谬的危险信号。我们宁愿把心灵看作是一块物质大脑的产物，而避免把它设想为另一个世界通向人类世界的门窗，我们宁愿把梦和占星术之类神秘模糊的东西当作荒谬加以鄙弃，而去遵从有限时空中有限次试验得到的经验定律。不管这种态度正确与否，它有很大一部分是由于对未知事物的恐惧而宁愿致力于建设一个安全而易于控制的意识世界。这种秉性，是我们从洪荒时代爬行着的祖先、那曾经世世代代在同一块土地上千百年如一日地生活着的祖先那里继承来的一笔遗产。

它是我们身体里面的动物。正如不停地开合着的心肺和蠕动着的肠胃是我们身体里面不受意识支配的动物。

当然，在文化和文明中，人类所感觉到的许多快乐和痛苦，不仅是生理上的、无意识的，也有其意识的、精神的内容。那道理也是一样的。因为意识的活动本身，也是一种生存努力。人类的一切生存努力，都无不指向两大目标：一、生存；二、更好地生存。

所有一切包括人伦文化在内的文明，都是因第一目标而产生，并以第二目标为操作对象的。在自然的层次上说，个体生命对死亡的恐惧，以及由死亡意识铺衍涵盖的生存意向、自律本能，促使个体远避未知世界，而返身执着于具有自明性的、历史意义上的在与实在。

就像海狸被放置在旱地上也要修筑堤坝，因为在"种族的记忆"中这是它安全的保证。这种重复历史回归以往的本能，是为了复制有效的经验以保障种族的生存。人的恋旧倾向实际上是生命的这种最原始的遗传特征的显露。

人所创造的文化，特别是人伦文化同样时时折射着这一古老特征。作为实现第二目标的操作工具，任何一种历时的人伦文化，都无不以"过去"或正在变为"过去"的现在为"在"与"实在"，去建构绝未超过"历史"边界的"未来"。在知识所能达到的极限范围内，它们几乎都能证明自己找到了更好的生存方式或通向"最好"的途径。所以人伦文化总是在试图给历时性观念以共时性意义。于是便有了所谓的百代宗师、千古大业、与天地同寿日月齐光之类思想观念中的神话，以及与此有关的各种各样的只准拥护不准反对的政权所宣传的各种各样的集体主义、一条路主义与有禁区主义。这些人类制造的、反人类的主义，经过长期的历史积淀，形成了各种僵死的理性结构。

正如伟大的圣徒蔑视快乐，伟大的英雄蔑视痛苦。虔诚的宗教徒们五花八门的自虐，从苦修带、钉子鞭，到一不怕苦二不怕死、刀山敢上火海敢闯，都无不表明，在僵死的理性结构中人们仍然进行着不懈的生存努力。或按照原则努力，或按照定理努力，或按照典故榜样、权威指令、共同习惯或者定向思维努力。由于这种种努力总是指向对于过去的东西的回归和对于公共的东西的认同，其结果对于人类来说就只能导致生存空间和应变能力的缩小，以及选择机会的大大减少。对于个人来说，则导致由回避本体论意义上的虚无走向价值论意义上的虚无。在这个过程中，精神上的快感和痛感，也同生理上的快感和痛感一样，起着消极的作用。

守恒性不等于消极性。说快感（——痛感）有守恒性，不等于说快感（——痛感）所起的作用就一定是消极的。在另一些情况下它可以起到积极的保护性或稳定性作用。守恒性起什么作用，要看它是在什么关系中和什么前提下起作用。起作用的方式有时是封闭的。方式的固定化带来效应的固定化,便形成封闭性。但是"守恒性",不等于"封闭性"。这是一对复合概念,当别论。

四、美感的开放性与能动性

人不仅有守恒的本性,也有追求变化发展的开放本性。这种本性的根源,也可以追溯到原始生命力的深层。从我们还是单细胞生物的时候起,我们就伸缩无常、运动不息。从此亿万年来,为了逃避天敌或者追寻异性和食物不停地窥探、摸索。这种习性后来发展为高等动物的好奇心,发展为人类的科学假设、哲学发明,以及美感与艺术。从而与我们的理性结构和守恒倾向互为补充,形成文化与文明。

在文化和文明中,我们的理性常常把快感当作有害的东西来加以排除。例如它指示我们不要接受味觉的抵制,而去吃很苦的中药,或者不要理会痛觉的警告,而去拔牙、开刀,或者为宗教信仰而自虐。这当然是一种进步。但是另一方面,这进步又使得我们有可能在理性与人相异化的情况下做出错误的选择,甚至把奴役与凌辱当作幸福来体验(例如身为奴隶而感到自豪）。我们在自然界做出方向选择的航标，就更加不再可以依靠了。于是需要一种与理性结构互为补充的感性动力，来执行更为复杂困难的生存努力的任务。这种感性动力的显现，就是美感。快感指示我们以此时此地的适宜性；美感则通过对僵死的理性结构的感性批判，指示我们超越它以实现自己的最佳存在方式。

快感与美感在个体身上并存，构成个体自我保存与自我创造这一同向努力的双重机制。由于人的问题过于复杂，我们不妨先以动物为例，给予一个简约的说明。当你把海龟蛋移到远离海岸线的地方并埋在沙里孵化，孵化后刚刚破壳而出的小海龟都会毫不犹豫地立即朝着海洋的方向爬去。不管什么干扰，都不能使它们改变路线。究竟是什么东西使它们在浑沌中选择了正确的方向？也许是它们听到了那遥远的涛声？也许是它们嗅到了那微茫的海气？不论是何种"种族的记忆"或者物质结构使它们接受这些信息而不接受从其他方向来的其他信息，总之是感觉使它们在生存伊始便做出了接受大海的召唤这一有利于生存的唯一正确的选择。

假如海龟有文化，假如有的海龟由于在宗教文化中皈依神物，或者由于在君主文化中追随胜利者而有可能背向大海，那么这就是海龟作为一个物种的自我异化，作为个体与物种相异化。为了克服异化，为了在这样的环境中进行生存努力，就必然会发展出新的导航与探测手段。这个手段作为生命力的加强，必然是从生命力生发出来并指向大海的。其文化如果也是它生存努力的手段，那么它必然是围绕着这一神秘的生命力生发出来并加强这生命力。并且我们也可以想象，如果海龟不在海里，海龟的感觉必然经由一个深蓝色的梦变成对海的美感。海龟的美必然是一个深蓝色的梦。而如果它在海里，那就可能是五光十色的梦了。梦不是现实，不是语言，它不过是象征最佳生存方式的一个抽象的形式而已。

同样，假如毛虫有文化，能意识到自己的生存努力是为变成蝴蝶做准备，能想象自己在花丛中飞舞的乐趣，能对大自然为什么限定自己只变蝴蝶不变其他提出疑问，而且能由不满于只变蝴蝶而通过语言文字和科学技术的运用使自己变成比蝴蝶更好的动物，例如变成凤凰什么的，那么毛虫就具有我们现在称之为人的本质或者说人的特性的那个东西了。从而毛虫也就有了一种不是指向现实，而是指向未来的感觉——美感。它所创造的那个现实生活中所没有的但将来可能有的凤凰，或比凤凰更强的任何东西的或具象或抽象的形式，彩虹般流动的形式，就是美。正是这样，美使我们快乐，吸引我们去追求它，实际上也就是吸引我们去创造未来的生活，创造人的最佳存在方式。

当然，以上的例子都是假定。我希望它能说明美感与快感的一个最明显、最重要的区别，就在于美感呈现出人的走向未来的进取性，快感呈现出人的立足于现实的守恒性。立足于现实方能走向未来，从未来可能性出发方能把握现实，二者互补，增强了人类与虚无做斗争的能力。

正是由于这个区别，我把许多所谓"同构对应"的心理效应作为快感而不是美感来处理。因为它毕竟只是对于一个既成事实的认可。事实上，所谓人，无非也就是一种生活于未来之中的动物。正如其他动物的生活植根于过去，人的生活植根于未来。对于人来说，希望，只有希望，才是生活的根。如果没有了对于未来的希望，生活也就连根拔起，可说是虽生犹死了。

虽生犹死的死不是真正的死，但它同样是一种虚无。这是价值论意义上的虚无。而后者则是本体论意义上的虚无。作为虚无的对立面，人之所以比海龟和毛虫高级，比一切其他动物高级，是因为他不仅适应世界，而且根据自己的需要改造世界，并在改造世界的过程中改造自身。这是他对于自己作为生物所固有的守恒性的一个反面的补充。这个补充使它能够超越现实创造未来。使他能够把自己面对的现实，扩大到未来的、尚不存在但可能存在的事物。使他能够不仅生活在当前现实之中，而且生活在对未来的幻想、希冀和忧思之中（对死亡的恐惧，也无非是一种面对未来的焦虑）。

于是未来成了人的一个现实。一个非直接的、异在的现实。由于人对未来的追求，现实便有了美。由于充满希冀和期待，人生便有了艺术性。在这个意义上，宇宙、人生、历史都无不是艺术。事实上人的大多数行为（包括思想，思想是用语言文字符号来进行的行为）都是为未来做准备。以至于人即使在回顾往事，忧伤着那失去的欢乐的时候，他也还是在面对未来的。换言之，正是由于未来的"存在"，他的往事与忧伤才获得了活生生的气息。所谓一切历史都是当代史，所谓历史像个小姑娘任人打扮，都无非是在这个意义上说的。"往事只堪哀,对景难排,秋风庭院藓侵阶",即使在如此凄凉萧瑟的氛围之中,也仍然有着一种对于别样生活的憧憬与向往:"想得玉楼瑶殿影,空照秦淮。"是忧伤,也是希冀。所以能扰动我们的灵魂,不是对偶,也不是格律(这是一切诗词都一样遵守的法则),而是那忧伤与希冀互相纠缠交织的情感旋律的扰动,使我们的心弦也起了共鸣。这共鸣,不像进行曲那样总是配合着行动,但却可以是行动的前奏,至少具有行动的"意味"(西方美学家们所常说的美与艺术的"有意味的形式"的那个"意味"),不也就是这种行动的亦即生命的意味吗?

有的学者,如李泽厚在引进"有意味的形式"这一概念的同时,也引进了"历史的积淀"这一概念,把二者机械地结合,用以说明美与美感,这是一个很大的谬误。谬误不在于他说出了"积淀"(这是一个早已为人类学、心理学、民族学证明并在荣格手中做出重大贡献的概念),而在于他把美与美感归结为积淀,反将心理力解释为积淀物。在其中"文化"只是既成的、以往的,而非现时的和创造的,是缺乏动力的、纯粹理性的和背向未来的,因而也不能生成美即美感的。"生成"是一个面向未来的概念。只是由于人具有面向未来的特性，他们才有可能生成文化意义上的个体差异，以及以对于变化、差异和多样性的追求为价值取向的美，亦即美感。

人的这种面向未来的特性，虽说是有了语言、文字符号才显现出来，但并不是语言文字创造的，其源仍出自原始生命力的本能。在人类自我保存与自我创造这一同向努力的双重机制之中，快感（——痛感）是个体保卫生存的自适应、自校正行动反应。它产生在生命生存容度的阈值线上，因而也可以说是生命拓展的边界效应。美感（——丑感）是人类实现种系优化的持续努力，在个体中呈现的潜结构行动反应，是生命本体自我创造的积极反应。它产生在精神领域文化知识容度的阈值线上，因而也可以说是文化拓展的边界效应，是人类自我设计、自我塑造，突破在与实在的内驱力。我常说"美是自由的象征"，也就是说美作为人的自我创造和自觉发展，是连续不断地突破局限、对在与实在不断建构的象征形式。

这形式具有"超越"的含义。"超越"是一切美和美感的预参量。正因为如此，美感才获得了对人在世界中物化的倾向和可能性发生强大干扰的功能。正因为如此，它才是人类种系优化延续过程中不受时效限制的、稳定的"慢驰预参量"；是宏观上生命本体通过个体获得的、有效地进行生存努力的新机制。

在这里面，形式并不是外在的东西，它是我们与对象、事物、世界以及我们自己之间的关系的象征。这关系是由我们自己建构的，并且是能动的。它或者像语言一样成为我们与对象建立关系的材料，或就是这种关系本身。它反对或引导我们在或拒绝或接受对象的过程中，走出我们的自在的生命，而进行自觉的努力。质言之，它是我们为自己构筑的桥梁。通过它，我们由生存走向存在。通过它，我们用对于价值论意义上的虚无的对抗，来增强对于本体论意义上的虚无的对抗。所谓自由，所谓人的最佳存在方式，不也就是我们最有效地对抗这双重虚无的存在方式吗？

作为自由的象征，美或美感的最明显的特点就是它的开放性，即它的面向未来的动力性。美感来源于感性动力，它建构形式并评价形式，并通过这种建构和评价展示和促进感性动力。它不仅同逻辑思维（逻辑思维应用的是语言材料）互为补充，而且还无形地引导着逻辑思维，塑造了我们与物质宇宙相辉映的精神的宇宙。如果说，主宰着物质宇宙的是能，那么主宰着精神宇宙的则是美。追求能是一种生存努力，在这种努力中产生了科学；追求美，是另一种生存努力，在这种努力中产生了艺术。

美不仅生产艺术，也引导科学。在美的引导和推动下，科学与艺术（还有哲学与宗教）平行地展现着和生发着我们生生不息地存在于双元宇宙中的、多维的本体生命。

五、美感来源于感性动力

快感来源于原始生命力，美感来源于感性动力。与那种不仅为一切人所共有，而且为整体生物界所共有的原始生命力不同，人的感性动力总是呈现出个体的特点。正如动物与植物、猩猩与鲫鱼的生命力相同而又不同，泰戈尔与希特勒、爱因斯坦与阿Q的生命力相同而又不同，人的感性动力与人的原始生命力也相同而又不同。这种不同是人自己造成的，它带有文化的性质。而文化，在归根结底的意义上说，也是人类生存努力的产物和这种努力效能的加强。

快感没有个体差异，美感的特点就是体现出个体差异。个体差异是文化的产物，又是文化多维发展的生理和心理前提之一，即精神宇宙中的存在者。所以在这里文化问题必然地作为美学问题而与我们迎面相遇。

任何图表都只能抽象示意,真实的具体关系要复杂和能动得多。例如,快感、痛感并不必然向美感、丑感生成,美、丑感的出现取决于许多机遇。我们称之为美感的东西不过是一个偶然出现的既成事实。在这里,它的生存机制(文化中介如何"保证"它的生成)就是一个可以有不同说明角度的问题。较为详尽的揭示有待于今后的研究。现在需要说明的是,在这个脉络范围内,自然的层次和历史的层次之间的区别,存在于同一过程的两种时态之中。后者是前者的一个延伸、一种丰富,并不脱离前者而飞去。两种时态的差异标志,那联结和区别二者的中介环节,是文化。对于个人来说,文化和文明是后天获得的东西,不像手和脚那样是天生的和原有的,也不像原始意象、"集体无意识"那样是远古遗传下来的某种可能性。它是在社会历史中逐渐地和痛苦地形成的、可以获得也可以失掉(例如狼孩)的东西。在其中每个人都按照自己的气质以及客观条件所许可的程度重新吸收它并为自己所用,同时在这个过程中促进自己并发展文化。这也就是所谓创造。

文化的本质不是外在于人的语言符号体系而是创造。前者是后者的一种工具、一种手段、一个操作系统。创造的努力是人类生存努力的一部分。创造的努力使人的生命力区别于其他动物的生命力并把人类推入历史之中。而历史所呈现于我们的，也就是作为外在的语言符号系统和内在的心理结构及其交互作用的文化。人创造了文化，文化也创造了人。这是人通过文化活动而进行的自我创造。这种创造活动，在归根结底的意义上说，是人的生存空间（不仅是物理的实体和心理的实体，也不仅是逻辑学数学所提供的抽象维度）的实际开拓。文化一旦产生，其自身也就有了生命，这种生命在与对象（亦即人、主体）结合时产生新的企图、幻想、反思……文化的这种可能性和批判性，正是文化的生命力所在，也是感性动力的生命力所在。

在自然的层次上，人的生命力同其他动物的生命力没有区别。松、杉、银杏树都比人活得长，蜥蜴、章鱼身体断裂后还可以再生，在这种角度上可以说它们的生命力比人强。人的生命力的特点，是由于它包含着文化原动力即人的自我创造从而开拓生存空间的能力而比动物更强。这种文化原动力也就是感性动力。为了了解它与也是文化现象的理性结构的区别，我们首先应当知道结构不是先有的。先有的充其量只能是潜结构，它作为意向、意志、情感、意象和梦等等存在着而没有显性的模态。动力创造着结构，在创造之前意识不知道它究竟如何，但向着结构发生。（这也是"形式"的发生学上的机制。）既已被创造出来等待被利用的结构，可能是好的选择的结果，也可能是坏的（或权宜之计的）选择的结果。作为结果可能是活的，也可能是死的。（好与坏、死与活是相对的，要放在一定时间一定关系中才能够确定。）当其活的时候它可能转化为感性动力并在感性动力中发展，当其死的时候，它可能束缚感性动力直到感性动力突破束缚把它扬弃。

  感性动力是一个创造性的因素，它是人的一种能量，用马斯洛的术语来说，它是人的一种高级需要，它大于理性结构。由于理性是符号文化的直接对应物，所以为要理解理性与感性的关系，必须避免把文化简单地看作是语言符号系统，把人简单地看作是符号动物。文化，从其发生的起点上看，作为生命本体自我创造的一种冲动及其付诸实践的行动意志，是一种具有变化、差异和多样性，因而是通过个体活动的特点运行着的生命力,是非符号、非结构、非语义的。同时,文化作为背景、场所(包括语义场)和对象,从引起的结果即接受的终点上看,是生命本体自我创造的新冲动及其付诸实践的新的行动意志,同样是非符号、非结构、非语义的。在这个转换过程中积聚生长起来的精神活力,作为终点同时又是起点。在不能成为起点的终点上,文化就腐朽了,理性就僵死了。(例如我们对于神秘的东西的好奇心一旦化为宗教迷信,或者盲目接受"科学"的解释一概斥之为荒谬就消失了。)这时它就开始束缚感性动力,从生存努力的工具异化为生存前进的障碍了。

生命本体的创造力使自身对象化为符号结构体系,并通过符号结构的重建和还原进行自身的变异,从而使自己更加远离虚无而肯定自身。这种文化性质的然而非符号、非语言、非结构的,既不同于外在的符号文化又不同于内在的原始生命力的感性动力,只有作为某种文化样态才是可以理解的。如果原始生命力能赋予人以精神(不论是理性的还是感性的),这种精神毕竟要在文化中生存。在这个意义上,文化是人的本质的一部分,它植根于人的原始生命力,发生于人的感性动力,是人的本体状态自身。设想一下感悟或体验与行动共存的情况，这是感性动力最显著的表现，但感悟或体验并不是返回原始的文化失落，而是更高层次的观照状态。它的存在使人成其为人，使人能听到某种新声音（不是自然界固有的）的召唤。作为一种观照状态，它是文化。文化一旦与人相疏远便断了根，这样的文化如果不变成"存在着的虚无"，就会变成僵死的理性结构。感悟或体验被逻辑化、结构化时便上升为理性。语言文字符号不过是它的一个表征而已。

强调感性动力的原动性，抛弃简单的"二元对应"构架，要注意区分文化精神与符号系统（二者密切关联），理性、理性结构与"僵死的理性结构"，观念形态（逻辑格）与意识形态（占统治地位的共同思想）等提法之间的细微差别。要知道并不是只有感性文化才有积极意义，也并非"理性"就一定是沉重的心理构架；心理学意义上的"理性结构"（认知结构；心理框架）和社会学意义上的"理性结构"（意识形态；文化观念）也并不永远是同一的，这些都须具体情况具体分析。但不论如何，在这一切分析之中，把感性动力与符号文化及其积淀物严格区别开来则是最基本的。

所以感性动力，作为原始生命力的一种发展，作为与其他动物的生命力不同的文化动力，它与符号文化的划分不是时态上的，而是构成上的。感性动力是变化发展的，符号文化作为既成的客体、对象或背景，则是相对地固定和持久的。它可能再次转化为感性动力，但不一定是相同的感性动力。感性动力在个人身上生发出来，总是带有个人的特点，符号文化作为历史的积淀物，相对地是属于社会的，具有较为普遍的社会性。但是符号文化之所以有生命力，仅仅由于它指示着或者表征着感性动力。正因为如此，人的创造性本质才能成为文化的本质。文化的本质是创造，它在创造中与人合而为一。一旦创造停止，文化，特别是符号文化，就会与人相异化，而成为僵死的理性结构及其历史地积淀而成的沉重心理框架。我们不是常说历史是沉重的吗？其实历史本身丝毫也没有重量，因为它已经过去了、消逝了，对于我们来说不存在了。沉重的是这个东西。这是我们自身的重量，是我们生存努力由于不能创造而步履艰难。一方面是步履艰难，一方面是环境复杂、维度多变，于是美感的导航作用和艺术的探索功能，就显得至关重要了。

六、艺术是一种生存努力

艺术创作是审美活动的一种形式。把艺术看作是无目的、无意识、无是非、非实用、非功利等等的那些观点，把艺术创作看作是游戏的那种观点，显然是忽略了审美活动和艺术创作作为生命活动的特性。作为生命活动，它在生存层次上是一种努力；在存在层次上是一种探索和建构。探索和建构也是一种努力。这种在第一种努力获得胜利的基础上进行的间接的生存努力，对于生存来说仍然具有基本的价值。

所以我们不必因为艺术没有直接的实用性而认定艺术不是为人生的。不为人生的所谓"纯艺术"，即"为艺术的艺术"，其实并不是艺术，而只是较为高级的娱乐术、消遣术。把美感（——丑感）转化为艺术作品是一场艰苦搏斗，这过程与游戏过程例如到咖啡厅或游乐场走一遭的过程性质完全不同。作为一种观点，把创作当游戏，把艺术混同于娱乐术，也同把艺术混同于催眠术一样，如果不是帮闲或帮忙（此暂不论），那就只能是异化状态下异化了的人的看法和理论。

现今流行的纯文学论、纯艺术论最坚实的理论基础就是美学上的"游戏说",强调从发生学意义上说艺术起源于游戏,从本体论意义上说艺术本身就是游戏,于是所谓"玩文学""玩艺术""玩评价"者就成为真正的艺术家。而其他艺术家倒成了以艺术为武器的实用主义者了。这种理论上的混乱起源于对审美活动的误解,也起源于对游戏的误解。真正的游戏同这种人的活动无缘。由于意识到与自我以及与世界的疏远,这种人把生存当作不可撤销的契约或不可逃避的负担而被懒惰弄得疲劳不堪,企图在无意识地构成的"孤立绝缘的形式"中拒绝将来和对抗人生。这也同饮酒或者吸食致幻的麻醉品一样,是一种"有意识的自欺"。生存需要清醒的头脑。自欺是反向的生存努力。生存努力而与生存反向,正是一切异化现象共同的特征。

而艺术,同审美一样,作为生存努力的手段,作为自由的象征,它本质上是反异化的。艺术创造形式,赋予形式以生命,并不是为了人可以在其中躺下。躺下就是在时间上和空间上把生存限制在一个地方,而这是不可能的(除非是"有意识的自欺")。对于艺术来说,一个地方并非一个无所谓的某处,它是一个基地、一个条件、一个据点、一个主体自身的部分，是构成主体存在方式的东西。如果这个地方是在天上，例如所谓宇宙交响乐或所谓自然的和谐，那并不是因为人摆脱了地上的纷扰。相反，人在其中所要实现的仍然是人间应有而没有的秩序。通过这样的努力人就可能建构出一种例如天上的星空与人间的道德之间的联系形式。这样的形式所表现出来的，正是人的感性文化动力对于生活的构造力量。这种构造力量的表现，也就是异化状态下艺术的反异化本性的表现。

正因为如此，艺术中具有未来和现实两种成分。立足于未来方能把握现实，立足于现实方能走向未来。未来和现实之间联系的桥梁是梦。形形色色的形式实际上是形形色色的梦。在异化现实中的人，就像远离大海的海龟，只有梦才是他们灵魂的故乡。所以一切艺术中都有梦的成分，但是正因为如此，一切艺术中都有现实的成分，梦和现实不是对立的。所以艺术里的浪漫主义精神和现实主义精神也不是对立的。

不同层次、不同角度的理论批评的任务，就是要在不同层次、不同角度上让艺术家自觉地意识到自己工作的真正性质，以及其成果所实现的人类学价值

（在最起码的层次上就是社会价值）。所谓古典主义、浪漫主义、现实主义，以及各种名目的"现代主义"的划分，不应当仅仅是形式和手法的技术鉴定，也应当体现出对于现实的不同态度的鉴定。通过各种鉴定对作品的价值进行评估，正是理论批评工作的意义所在。

形式当然是重要的，但我们在研究形式的时候不可以忘记，由于艺术的审美本性，一切艺术家都无不是生活在将来的人物。抽象、移情……所有这些形式都无不是架设在现实与未来之间的空中走廊；童话、寓言、象征的森林……所有这些梦的幻影，都无不是人类伸向另一个生存空间的触须。在异化中如此，在非异化中同样如此。艺术家作为一个"人"，如果不是处在异化之中，如果不经过异化关系的中介，而直接受到强大恶势力的奴役和凌辱，那么除非甘愿跪着受害，而放弃艺术，他所能做的唯一选择就只能是起来战斗。这时如果他把目光转向天上，他在风云的奔驰和山鹰的翱翔中感受到的，都无不是自由的召唤。他如果不是用刀枪而是用语言、色彩、乐音或其他材料构成的符号来响应这召唤，他的作品就是战斗的武器了。作为武器，即作为生存努力的手段和工具的艺术，集中地体现出美和美感的基本性质和基本功能。

这将是另一篇文章的论题，这里就不多说了。总之，无论是美与美感，抑无论是艺术，都同甘愿跪着受辱，懒着求生，不耻于奴颜婢膝、苟且偷安的人无缘。"为艺术的艺术"，即使从最积极的意义上来说，最起码也只是自由人的特权。如果你想取得这个特权，你首先应当去争取你的自由。而这是永恒的努力，不会有什么停息。

"怅望浮生急景，凄凉宝瑟余音！"愿那些音调不定的号角，都成为我们奋起的先声。

（本文首发于1988年第4期《文艺研究》。）

美的追求与人的解放

一

有谁不要美吗？起码有两种人：一种是市侩，因为美不实用；一种是官吏，因为美把人们导向他不理解也管不了的广阔世界。前者的意识，受着物质利益的束缚；后者的实践，受着精神囹圄的限制。所以他们都不感到也不想知道什么是美。至于文学艺术作品，在他们看来，要么是商品，要么是说教，此外什么也不是。而美的力量，恰恰就是把人们从种种束缚禁锢中解放出来的力量。对美的追求，也就是对解放的追求。

但是这种追求，是感性的追求而不是理性的追求，所以它不借助于任何思维、语言的中介；这种解放,是精神解放、思想解放,而不是政治上或经济上的实际解放,所以它无待于外在经济前提和历史社会条件的成熟。黑暗的时代(例如19世纪俄国),可以有辉煌的美。奴隶社会的艺术(例如古希腊、罗马的雕刻)不亚于资本主义社会。石器时代的洞窟壁画,仍然使所有的现代画家们叹为观止。20世纪初,毕加索、马蒂斯和许多先锋派画家开始搜集欧洲以外其他大陆部落时代的艺术品,从"原始主义"手法吸取营养,确实带给本世纪艺术以巨大的活力。直到现在,来自非洲丛林的绘画、音乐和舞蹈(例如那郁雷般深沉而又压抑的手鼓),其表现力仍然使摩天楼下的许多"现代派"艺术相形见绌。联系产生这些作品的社会历史条件来看,就可以看出审美事实(艺术作品是它们的留影和足迹),并不总是和那种构成社会组织骨干的社会物质基础相一致的。艺术的某些繁荣时代,并不总是与社会的一般发展相适应,不论这一切是多么难以理解,起码它是事实。

承认这个事实,并不是否认审美活动和现实生活,以及艺术史和社会发展史之间的联系。这种联系是很明显的。例如,你可以说如果没有沙皇的残酷镇压，就没有俄国知识分子的反抗精神，从而也不会有俄国文学的伟大成就。你也可以说，如果不是千百万奴隶的悲惨劳动把无数人的智慧集中到极少数人身上，就不会有埃及、希腊的宏伟遗迹。这些解释很合理，也和史实相符，但我们还是很难在其中找出规律性的东西。例如，秦始皇和希特勒的镇压比沙皇更残酷，非但没有使艺术的旋律高扬起来，反而造成了艺术史上的两个空白时代。又如十年浩劫时期空前规模的集体劳动，也并没有把什么创造力集中在什么人身上，反而造成了中国文化史上的又一个空白时代。这些历史事实，也都同样可以得到合乎逻辑的说明。

已经发生的事情并不是必然要发生的，它不过是许多可能性中的一种，由于各种机遇而得以偶然实现罢了。如果就事论事，不联系宏观的历史运动而满足于某一现成事实的单一的、线性的因果关系的描述，那就很难推进我们对审美活动和艺术创作的意义与价值的认识。这个意义与价值就是能引导人类走向自由解放。审美活动和艺术创作的许多特性，例如它的无私性、非实用性等等，都是从属于它的这个最高目的的。

人类的任何本质能力，不，任何生物的任何本质能力，都不会是没有用处的。审美能力也不例外，所谓无待于外在经济前提和社会历史条件的成熟，不仅是指历史上曾经有过的某些艺术作品和审美经验的产生，实际上超越了一般情况下（按一般道理来讲）本应是构成它产生的前提的经济因素，而且更主要的是指，审美活动和艺术创作在历史上所起的解放作用，并不随具体的事实而改变。社会历史条件是变动不居的，它是一个变数，而审美能力作为人类追求自由的一种感性动力，其所起的作用则是不变的，它是一个常数。本文所要说明的，就是它是这样的一个常数。并且作为这样的一个常数，审美活动和艺术创作活动，和历史上的人道主义运动有其内在的联系。

二

人类从自然必然性获得解放和从社会必然性获得解放，并不完全是同一回事。个人从社会获得实际的解放和他从狭小的自我获得思想上的解放，也不完全是同一回事。虽然这些解放都应该而且终将同一，但是在历史发展的一定阶段上，它们的不同步又是现实的和必然的。

为了征服自然，人类创造了社会。而社会作为人类的创造物，又反过来使得统一的人类分裂为互相对立的阶级和各自孤立的个人，使得历史的任何一点微小的进步，都必以牺牲个人、必以无数个人的痛苦为代价才能取得。这就使得人的个体和类之间发生深刻的矛盾，使得人的个体成为与自己的族类本质相疏远的孤独的和毫无意义的存在物，使得个体的"自我"成为禁锢他自己的一个黑暗而又狭窄的囚室，使得个人从自我获得解放同人类从自然和社会获得解放，成为不同层次上的两件事。

历史的具体的物质生产关系构成了深层的现实，但是这些关系在社会生活的表面直接呈现出来的，却是一幅无法认识的、异化了的图像。在其中每个具体的个人都既不认识别人，也不认识自己。他不得不依靠既成的理性结构，在对一个异己力量的信仰中求得自己的价值。在对一个并不存在的彼岸世界的追求中求得自己现实的生活意义，并为此而牺牲自己的现实的生活。这种现象，这种人的个体和整体、存在和本质互相矛盾的现象，在近现代哲学史上，一般地被称之为异化。

异化是人类的自我分裂。正如巴尔扎克在《〈人间喜剧〉前言》中所说，社会环境之把人陶铸成不同的类，就像自然环境把动物陶铸成不同的类。不同类的人简直就不能互相了解，他们之间的差别就像不同类的动物那样大，这是异化的一种表现。这种情况，从一方面来说是人类进步的表现，因为人的类生活比动物丰富和多样化了；从另一方面来说，这进步的成果又是人类的桎梏，因为它使得各个具体的个人同类生活相分裂。在社会结构中处于一定地位的个人，被束缚在一个给定的生活方式中，又各个丧失了自己的丰富性，成为一个与世隔绝的孤独者，过着一种单一的生活，做着一种单一的事情，体验着一种单一的情绪。无论在政治、经济还是在日常生活中，他都只有单一的向度。这些单向度的人，他们互相之间甚至连用共同的语言对话都有困难，更不用说理解其他民族、其他时代的艺术和生生不息而又无处不在的美了。

对于人类来说，异化是社会问题，是一个政治经济学上的事实，异化扬弃意味着积极的社会改造；而对于个人来说，异化问题作为一个处境问题，同时又是一个思想意识问题，一个心理学上的事实。个人的异化扬弃，在一定的范围内，又可以通过自我超越，即自私心的克服、狭隘的利己主义的扬弃而实现。所谓"自由是认识了的必然性","认识"在这里是主要的关键。

审美活动作为一种无私的和非实用的活动,是个人自我超越的一种形式。人的孤独,来自异化现实,异化现实包括客观关系和主观心理这相互作用的两个方面。而主体的审美解放,也就是从这种异化现实的心理方面获得解放。心理或精神是作用于行为的,而行为是可以改变现实的。所以这种精神的解放活动,作为个人自我超越的形式又可以构成直接的历史变迁。从全局来看,一次这种活动的成果也许是微小的、看不见的,但由于它是普遍的和生生不息的,在长的历史变迁中产生的推动力量,却是巨大的和持久的。这不是对于异化现实的实践的改造,但它也不是非生产性的开支,它仍然有其间接的实践意义。这个意义在于,它是为人类争取解放的更为宏观的历史行动所作的准备和演习。它虽然不是直接的历史行动,但有可能"导致"直接的历史行动,所以在归根结底的意义上,它仍然是历史行动。

三

这种历史行动,有其自然基础,即生物学上的根源。

物质就是运动。如果把"目的"理解为特定的方向性，可以说，生物体的运动不同于无机物质的运动就在于它是有目的的活动。即使单细胞动物的行动，也是有目的性的，为了生存，它的身体因环境的变化而变形，它张大、收缩、运动无常，它不停地摸索和探测，在寻食和求偶时四处奔忙。这种不息地窥视、假设、试探和摸索的特性是生命力的基本功能的表现，生命力依靠这样的功能为自己开辟发展的道路。不同的物种都凭借这同一种手段，各个在没有任何道路的物质自然界，走出了一条自己的独特的道路。不用说，走得最远的是我们人类。

通过改造世界的实践，人类把自己的生命力功能，逐步地发展为科学技术和理论思维，发展为极大地丰富和深化了的感性动力，从而把自己的生命活动，变成一种永不停息的、自由而有意识的创造。人在创造世界的同时，也创造了他自己，从而把自己作为一种自我创造的自由生物，同其他生物区别开来了。如果把"目的"概念界定为意识到的需要，那么在这个层次上，应该说人类的活动区别于其他生物体活动之处，在于它的活动是有意识的活动。相对于人的这种活动而言，一般生物体的活动都是本能的，其感觉是囿于直接的肉体需要的。但是人的感觉却超越了直接的肉体需要而进入非直接实用的领域。这种感觉的解放，是他们获得审美能力的前奏。

动物愈是低级，感性动力的功能量也就越小。单细胞动物没有视觉和听觉，而只有触觉和味觉，至多还有嗅觉。这些直接满足肉体需要（例如捕食）的感觉，把低等动物限制在一个十分狭小的世界。它们像又聋又哑的瞎子一样，生活在寂静和黑暗中。它的世界就是它自己。它自己以外没有世界，并且它不能意识到这一点。生物愈进化，则感觉愈开放。视觉和听觉虽然也为满足肉体需要服务，但已经有可能超越这个需要而触及更多非实用的事物。例如不但听到和看到食物，也听到和看到吃不得的东西，如风雨和云霞等等，从而有可能把已经满足了肉体需要的生物，带进更为广大的、充满声色光影的世界。

然而，在肉体需要的绝对支配下，动物没有可能利用感觉功能的这种可能性。它只是为了满足直接的肉体需要而听和看。不能直接满足肉体需要的事物，对于它的感觉来说就不存在，或者说不是对象。只有进化到（所谓"征服自然"到）一定程度的人类，能够超越自己的实际需要而听和看,这种超越也就是解放,这种解放也就是审美。它通过"无私的""非实用的"感觉进入经验,而被我们体验为自由与幸福。没有这种体验,也就没有美。

人身上还保留着味觉、触觉和嗅觉,这些感觉器官仍然由于满足人的肉体需要而使人感到肉体的快乐。肉体的快乐作为一种经验形态是快感而不是美感。它和美感的区别在于,美感满足综合统一的人的需要,即解放的需要,而快感只满足片面的和单一的生理需要。恰恰是这种需要迫使人们接受客观必然性(先是自然必然性,后是社会必然性)的支配。而人恰恰只有在从这种必然性的支配下解放出来的时候,才得以体验到美。所以快感不等于美感,所以美感比快感具有更多的人性和更少的动物性。

快感表明一种生理的满足。仅仅这种满足并不构成美感。但如果没有这种满足也没有美感,因为人类只有在生理需要得到满足,即从自然必然性的束缚下解放出来以后,才有可能进行审美。所以超越自然规定(所谓"征服自然"),从自然必然性的束缚下解放出来,这是美感得以产生的第一个前提。

为了超越自然,人类形成了社会。而美感,作为一种可能性，也就在社会的发展即历史中获得了自己的现实性。所以美感又往往带着丰富的历史和社会内容。从社会必然性的束缚下解放出来，这是美感得以产生的第二个前提。这种解放的起点，也就是美感与快感的区别点。

四、美感是生命力

说美感是生命力，也就是说人只有把自己当作现有的、有生命的类来对待，才有可能把自己当作普遍的因而也是自由的存在物来对待。现有的是受限制的，有生命的是有需要的。有限制、有需要、有痛苦，才有生命、有力量、有热情，然后感性动力才能活跃起来。不，这样说并不确切，应当说需要和痛苦，乃至生命、力量、热情等等本身，直接就是感性动力的活跃。而这种活跃，也就是人本身存在的证明，也就是人的存在的形式。

没有痛苦的实体，是虚幻的实体。没有需要的生命，也不会有生命的需要。没有感性动力的存在，不是现实的存在，是没有根据的存在。所以，人的忧患意识，人所受到的限制和痛苦，也就是他的那个要求与自己的本质相统一的、存在的确证。没有这个确证，它也就等于不存在，事实上不存在。没有这个存在，也就谈不上本质。

存在是自然存在，本质是社会本质。没有这个自然，也就谈不上社会。社会不是自然的对立物，它是人和自然统一的中介。说人的本质是人的社会性，也就是说人的本质存在于社会和自然的统一之中。所谓人的异化，所谓人的存在和本质的矛盾，实际上也就是社会和自然的紊乱与不协调。而所谓人道主义，也就是要建立社会和自然统一的关系结构，或者说就是要使人成为社会和自然统一的主体，不为前者而牺牲后者，也不为后者而牺牲前者。社会如果不异化，它就必然同自然相统一，必然是自然界的真正复活。

当人失落在异化之中时，他的处境就必然是非人道的，即从人道主义的角度来看是荒谬的。这时，人自己的立脚点和归宿也都没有了。这时他就会迷惑地看待他的自我，而感到彷徨无所依归。因为他不承认那现有的和活生生的东西，所以他也找不到那普遍的和自由的东西。而不得不把他的自我，连同他所体验到的限制、需要、痛苦，以及在这些体验中表现出来的生命、力量、热情，统统都看作异己的、与人对立的东西，看作是必须经常与之斗争的恶魔（例如清教徒看性欲，守财奴看消费，红卫兵看待怀疑）。这样一来，人就不得不到自己身外去寻找立脚点和归宿，到自己的身外去寻找自己活动和进步的动力。或者皈依宗教，或者服从权威，或者相信历史的宿命，而把人道主义原则视为异端邪说，把美与艺术看作是如非用作说教的工具就有害无益的东西。

历史不是在人之外盲目地带着人类行进的客观力量，历史是人所创造的。限制、需要、痛苦，或者说生命、力量、热情等等，是推动人类从事任何活动的原动力。至于活动的方式和具体内容，则是由既成的历史社会条件决定的。作为活动的结果，出现了历史的变迁。由于历史的变迁是不可预料和非所期望的，所以它常常被看作是自发的客观进程。它像列车一样载着我们每一个人前进，而不管我们是在做什么，是躺着还是坐着，是在谈话还是在思考问题，我们都在不知不觉地被带向另一个地方。这样的看法恰恰是忘记了劳动创造世界这一更为根本的原理。列车是由人所创造的，也是由人来开动的。我们每一个人的活动都对历史进程产生影响。重要的是我们要意识到这一点。重要的是这一意识要反映到理论和实践中来。这种反映就是自觉，这种自觉就是人道主义。

所以限制、需要、痛苦，或者说生命、力量、热情等等不是恶魔，而是构成人的自我的东西，是历史进步的原动力。它通过劳动实践，创造了生产力和生产关系，以及一切丰富生动的文明和文化。然后它们又迷失在这个创造物的森林里，以至于不得不依靠美感来导航了。所谓美感，所谓艺术创作，不就是人的限制、需要、痛苦，或者说生命、力量、热情等等的自我表现吗？

在异化了的社会，异化了的人通过美感寻找他的自我，寻找向自身复归的道路，进行着各式各样假设、探索和追求。这种追求，也就是对社会和自然的统一的追求，它是一种不自觉的人道主义的努力。

五

现代美学以人为研究对象，以美感经验为研究中心，通过美感经验来研究人，研究人的一切表现和创造物，提出了"自我超越"这一既是人道主义的又是美学的任务。

本来，人类个体所意识到的自我，作为一种精神现象，无非是整体赋予个体的、个体自我保存的心理过程的缩影与向导。它通过满足自己的需要来满足整体的需要,从而与整体保持着完全的统一。但是在生产力发展的一定阶段上,个人由于和他人、和自己、和自己的活动与活动结果相异化,成为一个与社会相对立的孤独者,这种统一就完全破坏了。于是自我把自己表象为绝对,把自己从人类、从社会抽象出来,体验为唯一者和中心,从而提出了许多荒谬的要求。例如他是现有的,却要求永恒,他是有生命的,却要求不朽……如此等等。这些要求是达不到的。所以,从微观心理学的角度(不是从宏观历史学的角度)来看,他愈是固守和执着于他的自我,他就愈是使他自身的现实存在成为产生痛苦焦虑的永恒渊源,他的人生之路也愈是显得黑暗、崎岖和狭窄,他的存在也就愈是显得荒谬。他愈是体验到这种荒谬,也就愈是把生活和它所固有的痛苦,当作一种额外的负担,从而他也就愈是不能忍受痛苦和创造生活,愈是成为自己的和别人的灾难。

　　这种心理学上的事实,是个人的一种自我禁闭的牢笼。从这里面解放出来,是人的类的需要。不仅是社会需要,而且是自然需要。这是一种只有在社会和自然的统一中才能够满足的需要。个人生活和同类生活相疏远就是异化,异化了的人是孤独的人,丧失了自我的人，他向自身的复归只有在同类的统一中才能实现。也就是说他作为自然存在物，只有同自己的作为人的社会本质相统一才能实现。个体和整体、存在和本质、自然和社会等等的统一，是在历史中形成的人的需要。不仅是人的社会需要，而且是人的自然需要。至于它能否满足，我不知道。那是另一个问题，只能让世界史来回答了。

但社会和历史的实体毕竟是个人，任何变革都只能通过无数个人的共同努力来实现。为了使有益于人类的变革得以实现，植根于原始生命力的人的感性动力，便力求个体在异化了的理性结构和语义环境中寻找出路。人的感性动力不是天赐的智慧，不是预言者的启示，而是人自身的一种本质能力，是在进化和历史中不断发展和丰富起来的。它推动人类在对于变化、差异和多样性的不断追求中，不断进行窥视、假设、试探和摸索，从而开拓出新的境界，为走向未来铺平道路。

我们对于未来和未知的世界是盲目的。因为它处在我们在以往的历史中形成的理性结构所能照明的限度以外。与感性动力相异化了的理性结构，是封闭的僵死的理性结构，它使我们的知觉囿于狭小的范围。感性动力也并不知道得更多。但后者推动我们去试错,去叩击和开启那些未知的门窗,以求使我们脚下的道路伸展到未来。它使我们在这种假设和探索的试错活动中体验到快乐。这里的问题,不在于你怎样解释,而在于在解释过程中涌现出来的创造性。所谓美的价值,首先也就是这样一种创造的价值。

最终的目的是人的解放。试错活动是人类实现这一目的的手段。由于这目的是很深远的,而这手段是很现实的,所以对手段的追求也就代替了对目的的追求,而使手段成为一种目的、一种快乐。这种快乐是和痛苦不可分割地联系着的。人作为现有的、有生命的存在物,也是有需要的和受限制的存在物,因而也是感受苦恼的存在物。苦恼是一种感性动力,它要求自身的扬弃,也要求扬弃那产生它自身的异化现实。为了实现这种扬弃,它不断地推动我们寻找新的道路,从而使寻找活动本身成为一种快乐。

我们把这种快乐,称之为审美的快乐。在审美经验中,我们看到,主体和客体、个体和整体、刹那和永恒、有限与无限等等之间的界限都消失了。正因为如此,历来美学家们都把审美活动,看作是一种"无私的"和"非实用的"活动。由于无私,由于摆脱了实用需要的制约,个人就从他的不幸的和沉重的"自我"中超越出来,从而体验到一种轻松愉快的感觉,一种自由解放的感觉。

类所追求的东西,先由个体进行探索。历史所要实现的东西,先通过个人进行实验。所以个人,又有可能在历史达到自己的目的之先,单独地,在心理上形成某种条件与能力,通过某种感性形成体验,在不自由的环境中体验到自由的快乐。

六

美感是人的一种本质能力,是一种历史地发展了的人的自然生命力。它首先是人的自然生命力,是人类创造世界和选择进步方向的一种感性动力,一种凭借感觉器官的功能而实现其协同活动的多种心理过程的综合统一,一种表现为情感的协同知觉。在其中情感不过是受抑制的反应,理性不过是对未执行的行动的想象描述。所以它永远是开放的和进取的,永远是通向未来的。

其次它是历史地发展了的,是以往全部世界历史的成果。在其中不仅包含着知识和经验,也包含着理想和信念。在其中理解转化为直观，逻辑认识转化为感觉，历史的和社会的东西转化为个人的东西。这一切都来自以往的历史发展。所以它又是面向过去的，是一个相对地静止和封闭的理性结构。

美感包括这二者，但不是这二者的机械的结合。它首先是一种感性动力，在其中理性结构不过是一个被扬弃的环节。换言之，理性是它的营养，而感性是它的力量。力量来自营养，却又是营养的扬弃。

所以美感，虽然包含着理性，却又不求助于语言的中介。虽然包含着以往历史的成果，却又面向未来。虽然只限于某一具体的对象，却又进行着更为广阔的判断、推理和假设。所以美感，是感性动力的人的形态，是历史发展的水平即人的人化程度的标志。在这个意义上，美感，作为一种感性动力，又可称之为感性文化动力。感性动力和感性文化动力，二者是同义词。

历史愈发展，人愈是成其为人，就愈是能以积极主动的行动代替反应性行动，愈是能执行与仅仅是强制性的行动相对峙的自觉自愿的行动。说自由就是这样一种行动的可能性，也就是说人类的历史是自由的发展史。美感，不仅是这个发展过程和它的发展程度的标志，也是这种发展的动力。

所以个人的美感不仅是属于个人的，而且也是属于全人类的。它的现实性也就是人的个体和整体的统一。没有这种统一，没有个体对于他的自我的超越，也就没有美感，更没有美。所以美感作为个人的协同知觉，实际上也是类的感官。经由这种类的感官，在异化现实中陷于孤立的个体可以和整体取得联系。这联系是他有限自我的扬弃，也是异化现实的扬弃——当然只是精神上的扬弃。

在扬弃的意义上，审美的能力，又是一种感性批判的能力，一种与异化的力量相对峙的力。它的实现，一方面是对人的本质即自由的肯定，另一方面也是对非人的力量即异化的否定。作为对异化的否定，审美是力量对于法则的超越。在宇宙论的意义上是精神对于自身的有限性与短暂性的超越，在社会学的意义上是个体对于社会关系和文化传统的束缚的超越。正因为如此，审美是与异化对峙的。在这种与异化的对峙之中，我们看到了美的本质与人的本质的一致性，也看到了以对这种一致性的认识为出发点的现代美学与人道主义的一致性。

七

应当强调指出的是,这种批判和否定的过程,也就是进取和创造的过程。没有这种进取和创造,也就没有审美。没有对于理性结构的批判,也就没有感性动力的行进。而没有这一切,孤立的个人也就不可能越出实际需要的严酷限制,从"自我"这个黑暗而又狭小的精神监狱里解放出来。如果是这样,如果没有在这种解放中所体验到的自由的快乐,那还有什么美呢?

与感性动力相疏远的,因而是封闭的和僵死的理性结构,是静态的,是作为结果与过去相联系的;而感性动力是动态的,是作为动力因与未来相联系的。后者对于前者的批判扬弃,也就是人的一种自我超越。所以只有在这种不断的自我超越之中,只有在人的永不停息的进取与追求之中,我们才能够发现美的踪迹,美才有可能作为经验事实而存在。换言之,只有在过去与未来、时间与空间、有限与无限的交叉点上,我们才能看到无限多样而又生生不息的美。

美来自自我的扬弃,所以它是"无私的""非实用的"。无私才能无畏,无畏才能闯出一条新路。而每一条新路的出现，都增加了人类作为一个物种在地球上生存下去的机会。这是一个小小的但很重要的贡献。所谓"审美的快乐"，也就是物种对于个体因做出这个贡献而给予的奖赏与鼓励吧？

人道主义与现代美学，都着眼于人的解放。不过前者的着眼点，是人从社会获得解放；后者的着眼点，是人从"自我"获得解放。换言之，人道主义是宏观历史学，现代美学是微观心理学，二者之间有其深刻的内在联系。

这不是两条互不相干的途径。后者是前者的一个象征、一个向导、一个缩影，或者说一种探索、一种准备、一种演习。也是一种表示，表示人类不会停留在当时还貌似强大和永恒的异化现状，他们终将作为一个物种而取得类生活的和谐，并且这一点是由他们的本性决定的；表示自我超越即自我创造的需要，同变革世界的需要一样是人的类的需要。人类愈进步，历史愈发展，人的世界愈是扩大和丰富，个人就愈是能自我超越，而实现个体与整体的统一。

正因为如此，市侩和其他单向度的人是不审美的，因为他们被实用需要限制在狭小而又黑暗的自我之中不能自我超越。教士也是不审美的，因为他们虽然蔑弃自我，但却禁止任何超越，而用封闭的理性结构来代替开放的感性动力，用盲目的信仰和服从来充实被掏空了生命和生存价值力的空洞躯壳。

八

禁止超越，也就是禁止美。这是一种趋向单一的力，它力图扼杀那种趋向变化、差异和多样性的力，而把一切进步的要求都视为叛逆。这不仅是人道主义的否定，也是对人本身的蔑视和遗弃。这是千百年来被视为人类进步指路明星的理性——无论是工具理性还是形式理性常常不知不觉地要犯的一个错误。理性之所以是理性就是有一个设定的共同标准。然而这样的标准是没有的。任何一种规范文化，在另一种文化看来，几乎都是怪异的。它们的价值取向不仅无法渗透而且无法类比。帝国主义者的工具理性不同于和平主义者的工具理性。计划经济的不顾利润和市场经济的放任自流各自从对方的观点看来都是荒谬的。工业社会的标准化、规范化、僵硬性和可重复性，在充满乡土气息和人情味的田园诗人看来也无异人间地狱。

这不是说所有这些理性之间没有是非高低之分（这里不牵涉那个问题），而是说任何具体的理性精神，其价值都在于它是人类自我超越的有效手段。而在超越的需要之中已经包含着感性的追求。所以与感性相分裂的理性不过是理性的异化。理性如果不同感性相统一，就会凝固僵死而趋于异化。或者异化为非理性（宗教），或者异化为束缚思想的教条（宗教哲学），转向它自身的对立面。"男女授受不亲"或者"君君臣臣父父子子"之类，在封建社会既是异化现实，也是理性结构。理性结构肯定它，而感性动力却否定它。由于这种否定，或者说由于这种感性批判，我们才有了《水浒传》《西厢记》《红楼梦》等伟大的艺术作品。维护这种批判和否定的权利，也就是支持进步和发展。

　　理性是工具，是解决问题的手段，是人类感性生命力运行的独特方式，而不是外在于人，人必须遵循它的操作程序或运算规范。当它作为人所创造，人为自己提供的操作程序或概念运算规范而客观化了的时候，它仍然是人的工具。强调理性的这种工具性也就是要把理性作为理性来对待，而不是反对理性，更不是提倡非理性。我们反对的是僵死的理性结构，即从人异化出去变成目的要求，人们追求它和遵循它，从而使人在其中异化为异己的存在物、刚硬的物结构。

哪里有它，哪里就既没有审美，也没有活生生地行进着的生命活动。

在审美活动这一人类最高级的生命活动中，理性是作为感性的行动工具而包含在感性活动之中的，用美学家们常用的话来说，也就是名理判断隐藏在直觉判断的背后。指出审美活动是以感性为动力的活动，也就是说审美活动是这样的一种活动。这并非创见，本来不应当有什么争议。问题在于，在我们的美学研究中，常常有人把理性从感性中剥离出来孤立地加以考察和论述，而忽略了感性的更加根本的动力作用，从而使得强调这个问题成为必要。因为一种从感性剥离出来的理性，必然失去其动力性而只留下僵死的结构。而在这样的结构中是不能产生美的。

不要僵死的理性结构不等于不要理性，理性必须与感性相统一，成为感性的工具（或者说行动方式），而感性也必须有这一工具（或者说行动方式），并因能拥有这一工具而体现自身的发展。中国传统文化的一大特点就是要把这两者割裂开来。"积淀论"在荣格和贝尔那里带有浓厚的感性成分和原始生命力的意味，一到了中国，就变成了驾驭感性的羁轭，变成了用群体否定个体，用过去否定未来可能性的理性统治的代名词了。只此一点，也可以看出传统文化堕性力量的强大。它让人来回走旧路，而消弭掉一切进取性和行动意志。

九

感性动力（或者说感性文化动力）不是理性思维的对立物。例如批判地思维的能力；在平常中看出异常的能力；不理解最明显的事物（为现成的解释所困惑）的能力；能够比较容易地抛弃自己曾十分困难地学来（或求索得来）的东西的能力，都是感性动力。这种表现在理性思维中的感性动力并不解决问题，但却不断地提出问题，或者说发现问题，看出问题。不但在艺术中，在科学和哲学中，看出和提出问题都是解决问题的必要前提。

思维过程包含符号元素（意象、语词、概念等，它们代表现实的各个方面）和它们之间的相互作用。这些符号元素的相互作用有时是可以受人指挥和主动控制的。现代心理学告诉我们：在现实的思维中，逻辑、证据和现实的约束起着主要作用，整个思维进程受客观情境要求的指导，甚至可以为了当前的需要而牺牲对客观真实的适应性。这一点无论皮亚杰或者布鲁纳都是同意的。正因为如此，思维和意识都可以异化为历史的堕性，因循守旧而故步自封。

考虑到人类曾经经历过数百年如一日的漫长而又缓慢的发展，我们似乎不应对此感到奇怪。但是，说人的历史堕性是发展缓慢的原因，比说它是发展缓慢的结果更为正确。这种对新思想和不熟悉的事物而不是对旧观念和旧习惯持怀疑的态度的力量，是一种十分持久、十分巨大而又十分顽固的力量。它保持了一切文明和文化的连续性和稳定性，同时也延缓了历史的发展。回顾以往的历史，无论在信仰还是在实践的领域，都几乎没有一项有益于人类的革新和创造，可以不付出沉重的代价就能够取得成功的。那些在事后看来如此愚蠢的阻力在当时显得那么神圣不可侵犯，以至于任何创造为了取得社会的承认，必须花费比创造本身远为巨大的精力。即使如此，还常常功败垂成，使后人不胜怅惘。的确，如果没有感性动力在其中起巨大的补偿作用，我们很难想象人类的历史能够发展到今天的境界。

审美活动是感性动力行进的一种形式，它的存在，表明远在能够进行逻辑分析和科学实验之前，人类的本性就是要进行窥伺、摸索、试探。由于通过直觉而不经由语言和思维的中介这样做，可以获得更好的效果，所以审美活动常常被体验为一种直觉。现代美学所要致力的目标之一，正是维护这种感性批判即窥伺、摸索、试探的权利。正是这一任务的人道主义性质，把现代美学同人道主义的努力联系在一起了。

其实这不仅是一个权利的问题。否定精神，或者说感性批判的能力，是人类固有的能力，它根源于自然生命力，并在历史中得到发展。但是在异化现实中，它受到压抑，异化愈甚则压抑愈甚，以至于在最严重的情况下它变成了所谓的恶，或者说变成了"恶之花"。（《水浒传》《西厢记》等等，不都曾被禁止吗？）这恶，正如黑格尔所曾指出的那样，是历史进步的动力所借以表现出来的形式。不过我们要补充说，只是在异化现实的背景上，这种说法才是正确的。因为异化状态下所谓的恶，也就是非异化状态下所谓的善。美与善总是一致的，与进步也总是一致的。正因为如此，我们常说，美学问题也有伦理问题。

美学问题之所以与自然科学有关，不仅是因为方法论有实质意义，还因为在自然科学中也有伦理问题。在科学技术的上方，高悬着人类的目的。这个目的是什么？这是每一个伟大的科学家都深深地思索过的问题。许多伟大的科学家，包括奥本海默、爱因斯坦等人，互相争论寸步不让，但是都相信有一个统一的宇宙法则。虽然他们都没有能提出一个通用的理论或方程式，虽然爱因斯坦终于没有能把他的规范场理论建立起来，但他们的这个信心并没有动摇。许多科学家认为爱因斯坦早年取得成功而晚年遭到失败，是因为他放弃了青年时代感性和理性相结合的方法，即物理直觉的方法和图像思维的方法，而代之以纯粹理性的方法即数学分析的方法的缘故。他晚年的失败也就是这后一方法的失败。这后一方法的失败，意味着理性作为一种人类进步的手段并不具有战略上的优越性。它可以说明过去，却难以展现未来。理论创见只有借助于感性动力才能实现，在这一点上艺术与科学是相通的。

当然，理性结构和感性动力的对立是人类发展一定阶段上一定条件下的产物，它不是绝对的，更不是永恒的，而是人类力求消除并有可能消除的。科学与艺术的所谓对立也是如此。还有，感性动力是一种探索创造的动力，它本身不是被创造出来的，而是在进化和历史过程中发展起来的。这种发展当然也利用历史的成果，即所谓时代的、民族的、社会的东西。这种东西只要不异化，就会成为生命力的营养。艺术并不创造生命力。艺术创造的是形式结构。这种形式结构由于贯注着生命力而成为一种多样统一的开放性动态结构，一种具有生命意味的、气韵生动的形式。如果其中没有力，结构形态就死了。生和死的区别，也就是自由与异化的区别。

十

感性动力作为一种人的生命力，不仅经历过自然进化，也经历过历史的进化。这种进化常常采取"积淀"的形式，但不能仅仅用"积淀"来解释。"积淀"只是量的递增，其结果作为累计的形成物不会产生结构和功能，因此只能是静态的而不是动态的，不会成为引起美的条件。

美不是作为过去事件的结果而静态地存在的。美是作为未来创造的动力因而动态地存在的。所以它不可能从"历史的积淀"中产生出来，而只能从人类对于自由解放、对于更高人生价值的永不停息的追求中产生出来。

对于人类来说，进化不是流水，精神也不是泥沙。因此也不存在什么历史的河床，在那里精神文化的沙粒不断沉淀下来，越积越厚。沙粒与沙粒各不相干，它不论分开还是聚在一起都是沙粒。与之相反，精神与精神不能机械地分离或者结合。两种或几种精神相结合，就会产生一种新的精神。这种新的精神，可能是原有精神的否定，也可能保存着原有精神的某种或几种价值定向，但已经不是原有的精神了。换言之，所谓"历史的积淀"，进行到一定程度就不是那些东西了。所以，虽然在一定时间限度内"积淀"概念是有用的，但从长远来看，并不存在什么"积淀"，而只存在变化和发展。

从变化和发展的观点，即从人类进步的观点来看，不是"积淀"而是"积淀"的扬弃，不是成果而是成果的超越，才是现代美学的理论基础。这一理论基础之所以具有人道主义的性质，是因为只有变化和发展才是通向自由的道路。只有变化和发展，才是作为主体的人的感性动力，通过创造活动不断批判地超越历史成果，不断实践地扬弃历史"积淀"而争取自由解放的现实的运动。正是在这种不断超越和扬弃的现实的运动之中，呈现出人的本质，即人的一整个族类生活的共同特征。这个共同特征的丰富性，是由个体差异的多样性来证明的。而个体差异的多样性，只能寓于变化和发展之中。

强调变化和发展,还是强调"历史的积淀"?强调开放的感性动力,还是强调封闭的理性的结构?这个问题对于徘徊于保守和进步、过去和未来之间的我们来说,是一个至关重要的抉择。"历史的积淀"和既成的理性结构,是过去时代的遗物。所以它趋向于保守的、固定的、单一的,它要求我们认可一切既成事实。而感性动力则力求批判地扬弃它,以扫清前进道路上的障碍。这种批判和扬弃,也就是创造实践的中介。或者说它是创造性实践的一种必要的准备,是创造性实践的一个组成部分。正因为如此,我们说美是一种力,一种人类借以取得进步,借以实现自己本质的力。

理性追求永恒,感性则迷恋于刹那。说感性之中有理性,理性之中有感性,犹如说刹那之中有永恒,永恒之中有刹那。在终极的意义上它们又都合而为一。但是,正如永恒之排斥生命,生命也排斥永恒。在现有的境遇中"终极的意义"并不存在。现有的、刹那的东西是生命之光。在黑暗中多合而为一;在光明中一化而为多。对多的追求也就是对生命的追求,所以应当把感性的活动看作是生命的活动。人类的劳动是生命活动的最高形态。劳动创造世界的活动也就是追求变化、差异和多样性的活动。有了变化、差异和多样性，就有了历史。空虚没有历史，无生物没有历史。如果说山有历史的话，那是因为它曾经在数十万年间像波浪一样的起伏不定（如果把数十万年的时间压缩到几秒钟来看的话）。人类史的史前史曾经数百年如一日，封建社会曾经数十年如一日，现在是"一天等于二十年"了。这个时间的量，也就是变化、差异和多样性的量。一天中发生的变化、差异和多样性，等于过去二十年间发生量的总和，这就叫进步。审美活动和艺术创作活动，和这个人类进步的总的方向是一致的，是从属于这个总的方向的，所以我们说它是人类借以取得进步的人的本质能力。

十一

世界是静止的历史，历史是运动着的世界。世界由于运动而有了形式。或者是具体的形式（例如山水或者弦歌），或者是抽象的形式（例如政治经济制度或者数理逻辑方程）。形式由于变化、差异和多样性而有了进步。进步着的形式，由于感性的把握而有了生命的意味。这就是美。美是过去事件的结果，也是未来创造的动因。这动因不植根于外在的环境,而植根于我们自身,我们把它称之为感性动力。离开感性动力而谈论理性结构和历史的积淀,虽然有时也能合乎逻辑地说明许多已经形成的事实,但是这种说明至多只有艺术史或美学史的意义,而没有美学原理的意义。这个原理并不神秘。只要我们不抱成见,愿意跨过逻辑公式的平面,到历史的表象背后去寻找,我们很快就能把它发现。

在现实主义的意义上,艺术形式所呈现出来的正是一种特定的历史运动,是历史运动所形成的轨迹线。在浪漫主义的意义上,这轨迹线本身也可以成为人的存在方式的构造力量,它可以先于历史而存在。正因为如此,在艺术的领域,一个新的流派、一种新的创作方法,不可能从既成的原有的流派和创作方法之中产生,它们的起源是在传统之外而不在传统之中。一种传统、一个流派或者一种创作方法,只有在其形成过程中才是进步的。而在既成之后就必然具有保守性,必然排斥任何在自身内部发生的变异。所以一种创造,或者说一种变化、差异和多样性的产生,其根源必然在传统之外而不在传统之中。我们常说艺术是从非艺术中产生的。同理,传统也是从非传统中产生的。传统而不变,艺术也就死了。艺术的生命在于变,变就是更新,新就是创造,创造就是运动,这是一种以人为动力的运动,是人的表现。唯其如此,才是艺术。

十二

只存在于感性领域的审美活动,同外在的经济前提和社会历史条件之间,并不存在直接的联系。所谓存在决定意识,是指一定时代的理性结构必然同这个时代的经济和社会形态相适应。理性结构包括传统的或当时占统治地位的思想意识、伦理道德规范等等把该社会、该时代的全体成员束缚在既成的经济和社会框架上的思想意识网络。这一网络和系统有正在消亡和衰朽的部分,也同时产生新的思想的萌芽。只能以感性形式存在的审美活动,往往是通过理性结构才与外部经济条件发生联系。但它是社会发展的具有带动性作用的因素(就像一支大军的前哨部队)。新思想的萌芽和新的行为方式都以模糊的、无意识的状态首先存在于感性审美活动中。这种特殊的感性活动所采取的具体表现形式常常是由异化现实及其静止的理性结构决定的,然后又反回来冲击理性结构和异化现实。这是一个反馈过程。从而成为社会发展的一个环节。我们把这种内在的动力和外在的现实的结合，称之为"美的尺度"。

所谓美的尺度，说到底，也就是一个人的尺度，或者说"人的内在的尺度"。

人是能利用以往文明的全部成果来自由定向、自由选择的生物。美感经验作为人类文明高度发展的产物，在这里起着"优选法"的作用，或者说起着"导航指南"的作用。特别是在一个受到伪价值严重污染的语义环境中，这样的作用，甚至可以说具有生态学上的意义。

强调感性动力的"导航"意义，并不等于说感性动力的选择永远正确、永远符合人类最高利益。不，感性动力绝不是不犯错误。感性动力来自进化中的开放程序，当然可能犯这样那样的错误。但是，犯错误，正是感性动力伸向未知世界探索前进道路的触须。通过不断试错不断地学习，它才能在不断克服错误的过程中引导人类不断地进步。不论科学如何发达，人类所知道的东西，比起他们所不知道的东西来，毕竟不过是沧海一粟。迄今许多惊人的科学发现是由于偶然的意外。艺术家们更常常在并没有去寻找的地方得到伟大的启示。如果我们听凭既成的理性结构的引导，只知道到单一的方向去寻求，我们的道路就会变得可怕地狭隘了。

在这里，有必要把感性动力本身和它所作的各种假设区别开来。假设是探索的手段。动物也本能地依靠假设来进化。人的感性动力之所以不同于动物的感性动力，就在于它能够批判地对待自己的假设。它就是凭这种批判精神来导航的。感性批判的能力，是人的一种历史地发展了的精神官能，不论它可能犯多少错误，它旨在实现人的解放，旨在为人类的生存和发展选择和创造最佳条件这一点，是不用怀疑的。感性批判之所以是一种动力，是因为它的选择始终是创造性的。在其中一种预感、一种期望、一种知觉（假设）的创造，先于对它的检验。这不是先验论，先验论是用理性结构的框架去铸造知识。而感性批判是一种探索性的创造活动，它期待着由往后的实践来检验正确与否。

不论如何，最基本的事实是，在审美活动中，终极意义上的正确与错误并不进入经验形态。只要在探索前进的道路上，即使是错误的，也是美的。在那样的场合，在对象形式上表现出来的，不是那个暂时正确或错误的理性内容,而是那个不断追求不断进取的、生生不息的活的生命力。一个人有没有找到他所需要的东西,这不重要,重要的是他有没有在寻找。我们所要肯定的是寻找活动本身,而不是他拾起又放下的什么东西。

十三

"人的尺度"之所以不等于"社会标准",就因为前者主要是开放的感性动力而后者主要是封闭的理性结构。当前流行的那种把美看作是客观存在的社会现象,看作是客观性和社会性的统一的观点,也就是要把理性客观化,通过这种客观化了的理性的抽象还原,使之成为社会标准。从而通过对一定社会标准的思辨的肯定,再把感性动力纳入静止的理性结构。于是审美事实,就只留下了一个历史地规定了的,因而先于欣赏它的人而存在的"客观的"形式,即积淀了社会内容的自然形式。这是一个被规定的、本质先于存在的,因而是静止不变的形式。这样的所谓形式不过是一个盛装内容的容器,如果把内容抽象出来,它依然存在。而对于现代美学来说,形式与内容的这种机械关系是不可思议的。现代美学认为根本不存在这样的所谓"美的"形式。

正如人道主义并不排斥理性结构,现代美学也不排斥理性结构。理性结构如果是开放的,它就必然包含在感性动力之中。这样的理性结构就不是封闭的或者异化了的理性结构。我们说美的规律不在理性结构而在感性动力之中,也就是说理性结构只有作为一个被扬弃的环节才能获得美的意义。换言之,美的王国是力量的王国而不是法则的王国。不是法则对于力量的制约,而是力量对于法则的超越,才是美的最基本的规律。

人是按照美的规律来创造世界的,所以他也用美的尺度来衡量一切。不仅衡量艺术作品和自然景物,也衡量一个人的思想、性格、语言、行为等等,以及一个社会的风俗习惯、伦理规范、政治经济制度和知识理论体系等等。

在这里,所谓"美的尺度",实际上也就是一个"人的尺度"。由于语义、概念的不明确,我们常常把"人的尺度"和"社会标准"混为一谈。这是需要加以严格区别的。前者属于整个历史的价值定向,而后者是属于一时一地的模式规范。前者是开放的,而后者是封闭的。所以前者高于后者。其所以高于,恰恰在于为了人类生存和发展的最高利益，它要求避免用一时一地的标准或者内封闭的模式去规范一切，而把人的解放，即人的个性和创造力的全面发展，看作是人的幸福的基本条件。力求按照自己的标准来抹杀别人，按照自己的模式来统一别人，这等于不要变化、差异和多样性，不要发展和进步。在这种模式规范的基础上实现的统一是蚁群的统一，而不是人的个体和整体、存在和本质的统一。"人的尺度"，是人的解放的尺度，它恰恰是人类从以往各式各样的模式和规范的羁轭下解放出来的尺度。在这个意义上，"人的尺度"同所谓"社会标准"是截然对立的。

　　社会标准不等于理性结构。它有时是理性结构，有时则不是，有许多所谓社会标准是人为地制定出来的，是反理性的，但在一定的具体条件下经过宣传教育，也得以广为流行。当这样的一种"标准"被接受时，暂时也能产生一定的心理定式效应，如果与感性动力相结合，也能构成部分的审美事实。这样的审美事实获得承认的权利并不亚于任何其他审美事实。因为这种特殊的感性活动所采取的具体表现形式虽然是由异化现实决定的，但是由于它作为感性活动是多样性中的一种，由于它不会停留在一点上，它必然会返回去冲击异化现实。承认这样的审美事实是审美事实，不等于承认这样的客观标准（无论来自历史的积淀还是来自强制的推行）就是美。因为它只有作为一个被扬弃的环节才能进入审美。如果它不被扬弃，它就同美毫不相干。而当它被扬弃的时候，它就不是标准了。标准是标准美是美，泾渭分明。前者充其量不过是一种不能实现的愿望和无效的努力，我们不妨让丑去试试本事，但不能在理论上把它和美混为一谈。不，说标准不是美并不确切。应当说在审美的领域，标准也不是标准。因为标准化就是一致化和固定化，就是不要变化、差异和多样性，不要美。

　　上面说的，可以归纳为一条"非规范原理"。这一原理既适用于任何抽象形式，也同样适用于物质实体的外在形式。梅花是美的，但如果花神因此把它作为榜样，下令一切花都按照梅花形式开放，那就不但是毁灭一切花的美，同时也是毁灭梅花本身的美。世界上之所以还有美，那是因为花神的上述做法不过是一种不能实现的愿望和无效的努力而已。这里说的是花神，现实生活中的标准制定者更不可与之同日而语，因为他们连一朵梅花也制造不出来。但是，另一方面，就梅花而言，人对它的审美评价也有一个活生生的、暗含的尺度和这个尺度得以形成的生生不息的、活的规律。如果连这一点也不承认，谈论美学就没有意义了。

美的尺度是人的尺度，人的尺度是人类走向解放的尺度，是人的个性和创造力全面发展的尺度。因为不仅在艺术中，而且在更为广阔的现实生活中，都有一个美与不美的问题。因为一切理论思维的过程和体系，包括逻辑推理和数学方程，以及政治经济制度和文化心理结构，还有性格特征、人格特征、伦理道德规范和风俗习惯等等之类，作为直观把握的对象都无不有一个抽象的形式。所以美的尺度作为人的尺度，适应于人类活动的一切领域。应用美的尺度，按照美的规律来改造世界，人类就会不断取得进步。几十万年以来人类一直是在学着这样做的。所谓美学，不过是承认这一点，把它理论化，使之成为自觉的实践罢了。

现代美学是与实践相联系的。美学的实践，不仅在于指导艺术创作，而且在于进行积极的思想建设，促进"心灵美""语言美""行为美""环境美"等一系列精神文明的建设。所谓"环境美"，不仅是指自然环境和生活环境的美，也是指政治环境和社会环境的美。为了促进这样的"环境美",美学还可以对亟须改革的一切旧体制、旧思想、旧作风、旧方法等等进行深刻的批判。美学的批判也就是哲学的批判,它不同于具体的道德批判或者政治批判。它不是针对某一具体问题提出具体指责或者推荐改革方案。它不为任何具体的实用目的服务,它研究解决问题的最佳方案所借以形成的那些"美的规律",从而帮助人们去发现、创造这些规律,从这些生生不息的活的规律中找出生生不息的美的尺度,从而应用它来衡量一切和衡量自己的思想行动,使创造世界和创造自身的活动,成为自觉的活动。这不是把美学和一般哲学混为一谈,而是指出美学理论的哲学本质。否则,"语言美"不是变成修辞学了吗?"心灵美""行为美"不是变成伦理学了吗?"环境美"不是变成园艺学或者建筑学了吗?

十四

自由是审美的本性。

审美是人的解放,所以在其中人体验到自由幸福。所以美和幸福,作为经验形态、经验事实,有其内在的一致性。没有人的解放就没有美,同样,没有人的解放也不会有人的幸福。人的解放的标志，是人的个性和创造力的全面发展。而人的个性和创造力的全面发展，恰恰表现在不同的人有不同的特点、不同的幸福和追求幸福的不同的道路、不同的方式（个体和整体的统一就是使这种不同成为构成别人幸福的条件）。所以也没有一个现成的、客观的幸福模式，可以作为某个乌托邦赠送给一切人的礼物。

正因为如此，人的解放和人的幸福是不可分割的（人只有在自由的时候才体验到幸福，只有在幸福的时候才体验到自由）。所谓人的解放，也就是要实现人的自由本质。人是自由而有意识的类，是一种在不断创造世界的过程中不断自我创造的生物。只有当他的个体存在即生物学上的存在和他的这个类本质即社会本质相统一的时候，他才有可能体验到美或者幸福。由于这种统一只有在永不停息的追求和超越中才得以实现，所以也就说不上有一个普遍的和固定的幸福模式或者美的标准。一种普遍的"幸福"模式必以一种普遍的生活模式为前提。这样的一种模式只能是静止的、僵化的结构。一种静止的、僵化的结构只能是一种束缚人类自由的桎梏，即否定人的本质的与人异己力量，所以不但不能承认，而且要力求突破它。

而这种突破，也就是所谓解放。

幸福，也同审美一样，以个性化的实现为前提。B无法同样经历一次构成A的幸福的经验形式。即便经历了，同样的经验形式也未必能构成B的幸福。所以幸福是与美同样很难统一的内在心理体验。不同的人可以有不同的体验。正因为如此，这种不同体验才同时呈现出人的本质的丰富性和能动性。而人的解放正是以承认这种人的本质的丰富性和能动性为前提的。所谓一切人个性和创造力的全面发展，也只有在承认这一点的前提条件下才有可能。如果社会不承认这一点，竟然"为了人们的幸福"而力求提供一种事先设计好的、应用于一切人的生活模式，并强迫人们对之感到幸福，那么这就意味着这个社会已经异化为一个限制人的、僵化的、停滞的、令人窒息的、人们除非异化为非人就不能适应的社会。从历史来讲这是倒退，而从个人来讲这则是真正的不幸。所以马克思避免用全人类共同幸福的提法来代替全人类彻底解放的提法。他在用词上的这种选择，也是用心良苦，绝非偶然的。

规定人们应该对什么感到幸福或是不幸，这就同美学上的客观论者根据一定的社会标准，"强迫"人们在某个时间、某种情况下必须对某个事物感到美或不美一样，不但是不合理的，而且根本行不通。幸福和美都是人类进步的动力结构，它们最忌的就是僵化和趋于单一，所以它们最忌的就是模式。

当然，作为幸福和美的客观条件，任何一种模式或任何一种形式都有存在的权利。但是这种权利仅仅来自各个具体的个人特定的生理心理结构在特定时间地点条件下特定的自由组合方式，它表现为一种独特的情感体验，所以是不能"普遍化"的。把一种模式普遍化等于取消人类自由的动力功能，限制和压抑人们的个性和创造力，这种限制恰恰只能使人类丧失幸福。

所以虽然人的幸福和人的解放不是矛盾的，但是共产主义作为一种普遍的生活方式，应该是以各个人的自由发展为全人类的自由发展为条件的。它应该反对把"社会"从各个具体的人抽象出来同各个具体的人相对立。从而也应该反对把任何一种类型的"幸福"模式强加给任何人。相反，它要让每个人按自己的方式去追求和享受幸福，并通过这追求和享受而自由发展，从而为人类的进步做出自己的贡献。这种幸福与解放的同一，可以用来说明美与解放的同一。肯定解放必然否定模式。模式是先验的理性结构，而美与幸福却是后验的感性动力，二者可以互相转化，但却不能分割开来同时并立。

美学上的客观论者把既成模式作为判别美与不美的标准，实际上是要用法则的王国来代替力量的王国，把模式从美与幸福抽象出来，当作一个彼岸的他物来要求人们去崇拜，来迫使人们为之做出牺牲（陷于不幸），这就恰恰使得美与幸福转化到自己的反面了。以美与幸福的名义来迫使人们陷于不美或不幸也就是以模式来代替美与幸福。客观论者所谓的美的客观性，实际上不过是这种模式的客观性而已，它恰恰是毁灭美和使人不幸的条件。

正因为如此，我们一再反复强调，应当把作为模式的先验理性结构，同感性动力在进行探索时通过协同知觉所进行的假设区别开来。前者是对变化和发展的限制，而后者则是通过试错探索发展的方向和前进的道路。所以它不怕犯错误，而又能不断地对错误进行批判。它的生命力恰恰在于，它并不以自己的假设为教条，而能对假设进行表述、反思和批判。人是唯一能这样做的动物。所以，当生物界许多物种连同它们的假设一起被进化所淘汰时，人类却奇迹般地生存和发展到现有的水平了。

十五

所以人的本质——自由并不是一种超越于感性水平之上的理性实体,恰恰相反,它首先是感性的。并且正因为是感性的,所以才是实践的、有对象性的。说人是自由的实体,也就是说人是感性的实体。人的感性不同于动物的感性,仅仅在于它是一种超越于生理需要制约的,因而是具有批判能力的、广阔的、普遍的和自由的感性。这样的感性也就具有理智和精神性。

正因为如此,我们把人类的创造活动,包括审美活动,都看作是对于已有的一切,即历史成果的实践的批判和超越。所谓变化和发展,所谓进步,也就是作为主体的人的感性动力,通过创造活动不断批判地超越历史成果,不断实践地扬弃历史积淀的现实的运动。也正因为如此,现代美学把美看作是人的本质的对象化,是自由的象征。

所以现代美学,作为一门以美感经验为中心,通过美感经验来研究人,研究人的活动及其成果,特别是研究美和审美行为以及它们对人(包括个人和社会)的作用的学科,与人道主义,有其共同的原则基础:它们都力求肯定和实现人的本质——自由,走着一条共同的自由之路。所以它们都把人的解放程度,看作是人的本质实现程度的标志。它们都认为自由的实现,也就是人的存在与本质的统一、个体与整体的统一、有限与无限的统一、社会与自然的统一、思维与存在的统一。而这种统一之进入经验形态,也就是美。所以在美中,也表现出艺术与人道主义的统一。

论证和谋求这种统一,既是人道主义的任务,也是现代美学的任务。

在这个意义上,人道主义是没有被意识到的美学,而美学,从本质上来说,则应当是被意识到了的人道主义。作为意识到了的人道主义,美学不仅应当研究形式感受和形式创造的心理机制,而且应当揭示决定这种机制及其功能的人的尺度,揭示美的追求与人的解放的一致性。

人道主义是宏观历史学,它的着眼点是征服了自然的人类,如何从自己造成的社会必然性的束缚下解放出来;现代美学是微观心理学,它的着眼点是在异化现实中的孤独的个人如何从他的"自我"这一狭小而黑暗的牢笼中解放出来。这是两种在不同层次上进行的人的解放。后者是前者的基础和出发点，前者则构成后者的深层结构。关于美是人的本质的对象化的学说，是这二者的统一的说明。从这一说明我们得到的最重要的启示，就是美的追求与人的解放的一致性。

（本文首发于1983年第5期《当代文艺思潮》，1992年收入东大繁体版文集时，作者作了部分修订。）

美是自由的象征

一

"美"这个词，不仅是形容词，也是动词，与"审美"同义。更准确些说，应该说是"审美"。指谓着人的某种生命活动。这种生命活动，很普遍又很特殊。若有若无，又不是可有可无。

说它很普遍，是因为生活中的一切，性格、命运、风物、人情……大至星汉日月，小至花蕊蜂须，抽象如数理方程，虚幻如梦寐意象，都有一个美或不美的问题。"浮云游子意，落日故人情"，似乎那对象，就是你自己。说是你自己，你却够不着它。用德国诗人歌德的话说，它总是躲避着不被定义掌握。用英国美学家阿诺里德的话说,它不可捉摸,一接触就消失了。

说它很特殊,是因为它很个人。不同的人有不同的美,因人因事因时因地而异。可能你今天觉得美的东西,明天看就不美了。推广到不同的时代不同的社会,更是如此。不仅如此,同一时代的同一事物,不同的人也可以有不同的体验,没可能强行统一。任何标准、任何裁判,包括神圣权威的裁判和绝对多数的裁判,到这里都无效。因为就审美事实而言,只取决于体验的有无。你我他可以不同,这其间没有对错之分。

一种如此不可捉摸又如此无处不在,如此闪烁飘忽又如此实际地和强烈地表现着、代表着、吸引着我们的东西——美,究竟是个什么东西,早已引起人们的思考。但是从古以来,又都莫衷一是。

古人的看法,各有不同,但是不同中也有一些同点。西哲多重自然。比如说立体形中最美的是球形,平面图中最美的是椭圆形,或者一比零点六一八的比例(黄金律)等等之类,被称为"自然的和谐"。中国先哲首重人文,如"里仁为美""乐通伦理""声音之道与政通"等等,都是人文的和谐。自然人文有异,和谐则一。

17世纪欧洲理性学派学者莱布尼茨认为,古人的那些看法,是对于局部现象的混乱认识,未经严密思考,不是清晰明白的观念,也没有说出道理。为了补救这些不足,这一学派的另一学者、普鲁士哈利大学教授鲍姆加登创立了"美学",称之为"研究感觉的科学"。从那时起,美学科学家们的视线,逐渐由外在的形式转向了内心的体验。克罗齐的直觉论,托尔斯泰的情感论,苏珊·朗格的符号论,桑塔亚那的触感论,格式塔学派的完形论,王国维的"一切景语皆情语"论,都是如此。

莱比锡大学心理学教授费希纳和物理学教授韦伯一同,把心理学和物理学结合起来研究,提出了一个"感觉阈限定理",对19、20世纪美学从"自上而下"的哲学思辨,转变为"自下而上"的经验分析,亦即用形而下的美感现象论,来代替形而上的哲学本体论,起了巨大的推动作用。这个美学的"科学化"过程,可以说是研究方法和思辨途径的一种革命性改变。美学科学家们批评哲学家们"急于概括"。他们更愿意对微观现象进行具体的定量分析和逻辑实证,而提供仅仅是描述性的答案。

科学愈发展，分工愈精细。科学美学，也不例外（例如心理实验和语义分析就各自为政）。愈分愈细，"自下而上"就变成了只下不上。于是美的本质问题，作为一个无法解决的问题，无形中被思考者们放弃了。放弃不等于解决。仅仅满足于微观描述，不管描述得何等精密，也还是对于局部现象的"混乱的认识"，以致无从概括，成不了"清晰明白的观念"。除了对于形而上本质主义的不信任，也还是"说不出道理来"。这是近代现代的许多美学流派，实用主义美学、行为主义美学、语义美学、结构主义美学等等共同的问题。

现代英国美学家协会创建人托马斯·门罗在《走向科学的美学》一书中写道："美是什么的简短正确的回答也许是，'美'是很多不同的事物，但还没有被了解。就统统称之为'美'了。"这岂不是等于说，世界上根本就没有美这样东西，美学是一门没有研究对象，因而没有用处的学科吗？好像是这样。《大英百科全书》"美学"条写道："作为建立有关价值和美的绝对法则的企图来说，传统的美学甚至没有取得哪怕是一丁点儿的科学地位。"

我的问题是：对于美是什么这个问题来说，有所谓"科学地位"这样东西吗？如果有，它是什么？如果没有，这是个伪问题吗？

二

科学的面前有一个确定所获得的信息的价值问题。信息的价值尺度在于实用，在于它在多大程度上有助于实现人的目的。科学家们总是通过增加实现目的的可能性的多少，来测定信息的价值。这一点，应该说，是科学的人文性，与美学也有关。问题在于范围。科学家们大都认为，引起情感的那一类信息，不属于这个范围。他们拒绝受理感性冲动的案件，只接受理智判断的申诉。这是科学的傲慢。事实上理智和情感，都是人类生存活动的工具，二者都和人类的目的——追求最佳存在方式有关。

"目的""方向"之类概念，只能是指有序条件下引导有机过程趋向完善的设置，在无序和无机的世界里是不存在的。无序是全方位的无限，信息、有序及其产物——生命的出现，纯属偶然。如果没有许多随机因素的遇合，例如在空间上如果没有老一代的恒星从它们的核心爆发出有可能构成生物躯体的重元素，或者在时间上前代恒星尚未形成，或太阳已经耗尽了它的光和热，就不会有生命现象及其所谓的"演化的方向"，更不会有人类文明及其价值目标。这些偶然的和暂时的现象，包括人类的情感现象，都有其时空的具体性。

生物学、人类学、心理学和医学界对于情感的研究，都导向评价问题。一致指出情感可以是主体对自己的需要和满足需要的可能性的预测评价；可以是有机体的自我调节或信息不足的临时补偿；也可以是在遇见障碍或危险时仓促进行的力量动员……总之情感的不自觉的评价功能，离不开它的不自觉的"目的"前提。有这前提，才有可能审美。这个前提，其他动植物也有。鸟语花香都从属于物种繁衍的需要，应能为同类感知。否则那万紫千红的手段，岂不是都武功全毁了吗？问题是它们没有灵魂，感知纯属本能。审美的可能性，没有机会转化为现实性。

人自从接管地球以来，经由从简单的劳动工具到复杂深广的科技系统，从简单的交往方式到纷繁曲折的关系结构，以及这些系统、这些结构外化为不同的制度法规，内化为不同的文化心理，人已经把自己弄成了一种与当初不同，更与其他动物不同的动物。表明人是一种自我创造的生物，一种自由而有意识的属类。但是在追求最佳存在方式这一点上，我们和其他动植物是一样的。只不过不同物种，各有自己的最佳存在方式而已。所谓最佳，除了能满足生存和发展的需要，还必须与其本质特性相一致。一个物种的本质特性如何，它的最佳存在方式亦如何。

物性不同，存在方式不同，目的也不同。鲨鱼冲进云团般庞大密集的沙丁鱼群饱餐一顿离开以后，沙丁鱼们若无其事依旧在大海里从容游荡。不用惊讶，它们中个体没有自我，个体和整体同一，相互间没有信息中介。杜甫诗"白小群分命"，说的就是那个。蟑螂、蝗虫、蚂蚁、蜜蜂也是，它们分工如同个体身上器官的分工，各自不能独立。群分命，是它们的存在方式。亿万年间无数强大的物种灭绝了，它们存在至今，大都成了地球上数量最多的动物。这是它们那个存在方式的胜利。那个方式和它们的本性一致，因此于它们来说是最佳的。

人类的本性则不同。人类的历史，恰恰是逃避那种单一固定的存在方式的历史。但是逃避单一固定，追求变化、差异和多样性，也有可能迷失方向，导致个体和整体疏离，存在和本质疏离，以致在自己所创造的多元世界里找不着北。事实上人类历史运行的方向，往往和属类整体的最佳存在方式或者说天然"目的"背驰。此起彼伏连绵不断的大规模奴役和大规模杀戮，构成了人的同类相残的历史；分裂为，例如，奴隶主宰制奴隶、帝王将相宰制劳劳众生那样的历史。在其中个体与整体的疏离，几乎成了必然。

亚里士多德说，人是"政治动物"，一种要在城邦中实现其本性的存在物，驱使他们与同类联合起来的不是生物学的本能，而是他们的社会意识。这种看法经由中世纪一直延续到近现代，在马克思的政治经济学中得到最为明确的表述：人是被决定的：存在决定意识；经济基础决定上层建筑。而这也就是说，创造者有可能被自己的创造物所决定。作为生而自由的主体，被决定等于变成客体——它的自我的丧失。这个可能性，很明显地暴露出人类意识、人类理性的缺陷：它不能保证，正确地为人类导航。

自由的对立面，是"他由"，也就是被决定。"被"的形式很多，明里有奴役和控制，暗里有催眠和误导。所谓"信仰掩盖真理，有甚于谎言"，就是被催眠误导的结果。催眠误导，主要是政治行为。是利用符号信号——主要是语言文字，亦即古人所谓的

"名""名义"来进行的。古人说"无名天地之母,有名天地之始",深刻而正确。宇宙万物之名,都是人给取的。事物有了名,才得以进入意识,成为概念。所谓思维,无非是一种概念运算,或者说符号操作。催眠误导,主要是通过偷换概念、涂改符号来进行的。一旦成功,许多人的自由,就变成了他由。

理性活动,离不开"名",即符号这个元素。因此也离不开给定的语义场里给定的语法惯例和逻辑规范。一定的语义场是一定社会历史的产物,可以清,可以浊。可以被权力做成偶像崇拜的工具和语言暴力的温床,如同兴奋剂和催眠剂。教育、时尚、宗教仪式、信息传输、政治宣传乃至传统的工具理性和价值理性,在特定情况下都能催眠。气功师可以让上千人在一个大厅里满地打滚;独裁者可以让青少年们呼啦啦一下子都穿上褪色军装到处打人六亲不认,都不是偶然的。被催眠,就是被决定。所谓"存在决定意识",不是虚言。

政治社会动物,实际上也就是"符号动物"。不同的政治制度、不同的社会集体,有不同的价值体系、不同的文化心理结构和不同的语义场,也就有不同的符号动物。以致同一个符号,在不同的语义场中，可以有不同的含义。其能指与所指之间，可能会有间隙。间隙与间隙之间，可能会形成某种相对稳定的封闭系统。影响到"理性"的判断，可能正负错位。理性的符号动物，只能属于集体，往往和属类整体疏远。所以人类个体，除了理性的思考，还需要生活在"实在界"而不是符号界的感性的补充。这个补充，可以减少迷失到"被"方向的可能。

人，作为符号动物，生活在符号或语义（单词、概念、口号、思想、信仰、主义、忠诚和敌意等等）的海洋里犹如生活在大气中。他"呼吸"这种语义就如同呼吸空气。各种语义符号组成他的思想意识，就如同细胞之组成他的肉体。符号、语义环境不但和生态环境——物理的和化学的环境一样实在，而且也如生态环境可以遭到放射性微粒的污染一样可以遭到伪价值的污染。伪价值语义场，是不同集群的内封闭系统的产物，它偷走了人的自我意识，使之成为集体的一分子，成为自己的陌生人，成为和自己的本质相矛盾的、异己的存在物。

整体和集体，是两个不同的概念。集体的出现，是整体的分裂。整体是指元自然层次上人类作为一个物种的、没有个群矛盾、无分形上形下，因此也不存在任何"被"问题的浑然一体。集体是指社会层次上历史地形成的、许许多多各有其不同社会制度、组织结构、利益诉求、文化心理、话语系统的,互相对抗制约甚至互相为敌的集群实体。诸如民族、宗教、国家、政党、阶级、帮派等等以自身存在为目的的封闭系统。这些系统在支离破碎的地缘政治背景上,呈现出令人眼花缭乱的各种向度,瓦解了属类整体的天然统一。

整体概念,属于元自然的层次。中国古典哲学中有"自然谓之天"之说,滤去了"天"字的、权威论意义上的人格神和宗教性质的德性命理之类浮义,将之复归于自然,主张"天人合一""反本抱一"的观点,也就是要求个体和整体的统一。这个"统一"不是指许多个体的集合,而是指个体的存在和属类本质的统一。在其中所谓"天赋人权",所谓"生而自由",都是不被觉察和追问的"当然"。因此也没有社会集体层次上的"契约""纪律""伦理规范"约束,以及和理性结构相联系的正误标准、现象意涵、解释框架、情境定义等等掺杂其中。

不是符号动物的动物,没有被催眠的本钱。一个毛毛虫,万万想不到自己有一天会在蛹里变成飞蛾。

但它所做的每一件事，都是在为作茧成蛹做准备。遵循感性生命力的引导，它自然而然地、无意识地朝着正确的（物种给定的）方向，完成了自己的使命。它的使命也就是物种的使命。不会像人那样，"存在决定意识"，个体被集体绑架。两眼一抹黑，生活在别处。无比聪明的人类，倒反而找不着北。交往关系结构、语言文字符号作为人类进步的工具，倒反而造成理性的困境。

理性的困境，反映出人类现实的困境。但是没有可能，没有必要，也没有人愿意，为了解脱困境，回到毛毛虫的状态。理性不可靠，我们还是需要理性。为了管控损害，我们同样需要感性。感性与理性，本是一元的。随着集体与整体、个体与集体疏离，一元变成了二元。理性属于集体，追求局部封闭系统的惯性稳定，所以尚同。感性属于个体，在集体中寻找自我，所以尚异。由于感性未泯，"政治动物"之中，就有了"个体之维"。理性和感性之间的矛盾，就现实化为社会需要秩序，个人追求自由的矛盾。

三

人类的感性能力——感觉，植根于原始生命力，但已经远不同于当初。比如,物理学家有可能"感觉到"而不是"推导出"某个物理现象之美,数学家有可能"无意识"和"不自觉"地解决某个数学难题。他们能,而我辈不能。同样地,我辈之所能,猩猩猿猴不能。能与不能之间,有一个拉开距离的历史过程。在这里,姑且称之为感觉的"人化"过程。感觉的人化,与人所发现和创造的世界,包括一切物质文明、精神文明及其总和,以及其成败得失经验刻痕的反复深化同步。说句套话,这是一个"量变引起质变"的过程。

这个过程,曾被说成"历史的积淀",不妥。"积淀"只是量增,不涵盖"人化"质变。经验和知识被转化为理性,并通过理性再转化为感性,这里面许多东西已经被消化和利用,不再是原来的东西了。消化吸收了理性的感性,也已经不同于原先生理上的视听功能。这是发生在无意识中的多种心理过程,如知觉、理解、意志、想象、知识、欲望等等以情感为中介的复合(进入本能)。爱因斯坦曾经把这种处理感性材料各种性质(从各个感觉装置得来的信息)之间关系的创造性工作,称之为"某些符号和某些形象的结合活动",可以参证。

所谓以情感为中介,是指产生审美事实的阈值,只能保持在情感的领域之内。其他心理因素都是潜在的,只有通过心理分析才有可能发现的,并非每一种都不可缺席。一旦或一种其他心理过程浮出水面,导致直观感觉的表现性转化为抽象思维的逻辑性,那么即使对象仍然保持着固有的质量和形式,也已不再是审美对象。有时情感可以进入意识,而依然保持其为情感。在那样的情况下,因此而产生的审美事实也可以依然保持其为审美事实。这样的能力一旦形成,就会通过进化渗入基因,成为人不能安于刻板守旧单调平庸而要追求变化和多样性的自由本性。

这种本性是个体生命力的升华,是由历史和文化充实了的心理的东西深沉到生理的水平。人类的原始本能和他们改造世界的历史性实践,个人的物质、文化生活、命运、经验、童年的印象,或者匆匆经过一次而后来被遗忘了的情感生活的记忆痕迹……这一切的总和在无意识中不知不觉地形成一种潜在的情感可能性,暗中影响着人的精神生活。当这种情感可能性由于某个外物形式的触发而被激活,变为现实性的时候,那个相应的外物形式,就成为它的一个表现。这个表现,就是审美。情感的这种方式的活动,也就是美感。美感点燃了美。或者说,美是美感的闪光。

实物、实境、声音、文字、数理逻辑不同方式的数字组合,都可以成为符号信号,提供人类以层出不穷的和许多意想不到的机会。只要主体的触须不错过这些机会,它就能在刹那间把个体和整体联系起来。个人通过这种对价值结构有机整体的直观把握,必然地进入到与属类整体的统一之中,而同时又不失掉自己的个性和独立自主的感觉。于是他在肯定整体的同时肯定了自己,在肯定自己的同时也肯定了整体。这种个体和整体、存在和本质的统一,也就是他的自由的实现,亦即审美快乐的本质。

所以我常说,美感,是一种比思想更深刻的思想。是一种深刻到超过了意识限度的思想。因为它作为一种以情感为中介的多种心理因素不同比例的能动的集合,在其中凝聚着千百代人的生活经验和历史文化的结晶。"廉锷非关上帝才,百年淬砺电光开",以至于无心处随机出现的审美感觉,既很个人又具有某种"全人类"性,这就是所谓"感觉直接变成了理论家",深层历史学间接地变成了深层心理学,在其中个体无意识地代表了类在思想。不用语言符号,超越理性结构。

美是自由的象征

思想可能受骗，感性直觉不会。个体虽然有可能被集体绑架，但却又在审美中不断寻求着和属类整体的联系。各种政治的、哲学的、宗教的信仰，作为人们寻求联系的共同点，常常异化为使人互相为敌的力量（如所周知，常常同一教派内部的斗争，比不同教派之间更加血腥）。只有在美的王国里，这种力量才始终保持着自己的人类性。美的王国是一个自由的王国，它存在于由物质需要所规定的必然王国的彼岸，存在于主体有可能摆脱生存需要和外在指令的地方。虽然那只是一个和"此岸"相对应的"象征界"，但它的指向具有"实在界"的意义。

在审美感觉的象征境界里，因为无私，所以无我。这是存在与本质的统一，本身就是真理，具有绝对意义。在其中真善美三位一体，形成一个圆周。在这个圆的破缺之处，才有感性与理性的分裂。大艺术家从审美的角度看世界，比一般人更能看到，在这种分裂中显现出来的、理性发生迷误的信号。爱因斯坦说他从陀思妥耶夫斯基的著作中学到的东西，比任何科学家都多，比高斯还多；马克思和恩格斯说他们从巴尔扎克著作中了解到的经济学知识，比经济学家们的著作还多……这样的例子很多，不是偶然的。

四

感性的人化，是巨大的质变。但，人是生而自由的类，这个类本质是不变的。所谓创造，所谓变化差异和多样性，不也就是人类自由的某一种形式吗？这个属类本质，这个抽象而又具体的"整体"，是自由个体的家园和归属。历史如迷宫，荒路横古今。渺小个人置身其中，往往如同梦游，如同异乡过客。这种不正常的正常，与理性的缺陷有关。感性之所以能超越理性，在于它能超越历史的积淀，无涉逻辑思考，因此也不受"他由"，不被催眠。如同罗盘上的指针，能被人类最佳存在方式的磁场所吸引。

任何物种的最佳存在方式，都无非适合本性并有利于生存和发展的方式。蚂蚁、蜜蜂和沙丁鱼们的最佳，并不是人的最佳，因为本性不同。但是，人有可能因被催眠，而丧失本性，不再认识自己，变成自己的陌生人，甚至敌人（"狠斗私心一闪念""刀山敢上火海敢闯"）。你无法想象任何一只蚂蚁、蜜蜂或者沙丁鱼会如此自残。但是你也无法想象，在它们身上可以有个体之维。而这个维度的存在，为个人逃避集体社会的吞噬，保持和属类整体的联系，提供了可能的通道，透进来阳光和风。未必进入意识，但会有家园之感——一种自由解放的体验。

陶渊明诗："久在樊笼里，复得返自然。""樊笼"指社会（"尘网""朝市"），"自然"指自我（"心性""真意"）。难自容于樊笼（"密网裁而鱼骇，宏罗制而鸟惊"），在其中以心为形役，惆怅而独悲，形同陌路，便有乡愁（"羁鸟恋旧林，池鱼思故渊"）。于是把逃离社会投身山林，体验为一种"归去"。把虽坎坷苦辛亦乐在其中，体验为自由解放（"衣沾不足惜，但使愿无违"）。松、菊、桑、麻、白云、南山等等，只因为与这个自由的自我同一，便成了对象化了的、自由的自我（云无心以出岫，鸟倦飞而知还）。

松、菊、桑、麻、白云、南山等等，本是与人无关的"自在之物"。之所以成为能使人快乐的"为我之物"，仅仅只是因为，它们作为诗人（这里泛指任何审美主体）感觉的对象，被赋予了人的自由本质，成了自由的象征。所谓"象征"，是指某个具体的、孤立的、个别的微观现象，意味着、隐喻着或昭示着某种抽象的、普遍性或整体性的东西。在审美中，这个东西就是人的最佳存在方式，亦即自由——人的存在与本质的统一。它的"被感觉到",借用德国古典哲学定义宗教信仰的话说,就是"人在对象中直观自身"。

就"体验自由"而言,审美近似"顿悟"。但却稍纵即逝,只能是象征性的。但是这个象征,有可能在历史的迷宫或人生的歧路上,起导航作用。通过变化差异和多样性的追求,却要达到与类本质的统一,貌似南辕北辙,实际上歪打正着。在各种异化现象,特别是技术异化如此诡异莫测的世界上,人类自我毁灭并非不可想象。如果把"真理"定义为人的最佳存在方式,那么个人经由审美回到最单纯的自我,走向真理和至善,就像引力和熵流那样自然。为什么说感性大于理性,手段大于目的,可能性大于现实性?以此。

在陶渊明那个"象征的森林"之中,我们看到了一个异乡人的回归。用诗人自己的话说,那是"得一"("曰天道之无亲,澄得一以为鉴")。这个"一"不是单一,而是一种可能性大于现实性的、变化差异和多样性的统一。中国哲学中"反本抱一""天人合一""抱一为天下式"之类形而上的说法,都有一个与之相应的形而下的"实在"。形而上关乎本质,形而下关乎现象。本质是一,现象化而为多。"美"是二者的触点,在其结果里面,已经包含着开端。那是历史和进化的统一,历史经验转化为心理动力。审美何能导航?以此。

象征界、想象界和实在界这三界之间,有一个自由的通道。为什么饥饿的人不感到苹果百合的美,打猎的人不感到羚羊天鹅的美?因为实际需要的制约,堵塞了这个通道。但是个别在邪恶和恐怖面前能坚守人性底线、身处残酷绝境而不失审美能力,包括荒诞感、幽默感、崇高感的人,是稀有的例外。心灵特强大,故能成例外。例外因稀有,故在集群中被视为怪物,而被易卜生、尼采视为英雄超人。常人不是超人,但也有可能审美。"枕上片时春梦中,行尽天下几万里"。当此际,他也就是超人。

超人的反面,不是常人,而是"非人"。费希特把极端自私的反人类者称为"非人",理论上很周延。我们不妨把一切无爱的人,虚伪、残忍和无耻的人,别人的痛苦不能破坏他内心的平衡的人,人间的不平不能使他愤怒和激动起来的人,把舞蹈看作是点和线的组合,把爱情看作是内分泌作用的人都包括进来,这类人是不审美的。但无爱是一种低能,无所可爱是一种不幸。无爱是内在的空虚,无所可爱是外在的空虚。这里面还有区别。后者可以因为不幸和空虚，而从圆周的破缺之处逸出，呼吸到新鲜空气。

雨果、狄更斯和陀思妥耶夫斯基都曾经描写过杀人凶手在看到美丽的景物时，由于意识到自己"与人类的隔离"而产生羞耻、恐怖和绝望的心情。我相信，这是真实的。由美所唤醒的这种对"隔离"的自我意识，是重新与人类取得联系的契机。这并不是说美有使人一下子改变的力量。不，美没有这样的力量。但是个人做不到的事，全人类却有可能通过历史做到。在历史中主体不仅为自己生产客体，客体也为自己生产主体。一小点一小点地，通过欣赏美，人们愈来愈接近了真和善，通过欣赏美，人愈来愈成其为"人"了。

五

车尔尼雪夫斯基说，"美是生命"，没错。问题是生命有形式吗？如果有，它是什么？如果没有，怎能被感觉？现代科学有个说法：一切基于信息和秩序的组织系统，包括生命体，都是"耗散结构"。因为维持系统稳定的能量是不断耗散的。耗散完了，系统解体，就是死亡。能量耗散的量度，叫熵。生命体为对抗熵流的侵蚀，不断从外界吸取能量（吃进负熵，交换秩序）以维持系统的平衡和生命体所固有的、自动地导致有益结果的方向性。作为审美感觉的对象，它的形式就是这么一种动态平衡。

质言之，生命的形式，也就是熵和负熵之间的一种动态平衡：无数物质质点和它们固有的能量，经由原生质中的亿万化学反应连续不断地进出生物体，不断地同化和异化，构成了生命活动的方向性，或者说目的性。"长寿""进化""进步"等这些有限领域的价值词，都是以这个假定的方向性为前提的（说"假定"，是因为它可逆。地球的寿命只剩五十亿年左右，相对于我们的百年人生，已经和永恒无异）。符合这个目的，可以说是天然价值。问题是，这个天然价值，怎么能被个体的感性直觉把握？

答案只能是，物种的生命力使然。生命力的神秘，深不可测。但我们看见，刚破壳的小海龟，一钻出黑暗的沙堆，就正确地以最短的直线，往大海的方向爬去。即使风倒吹、浪逆袭、石头挡路，也不偏离。怎么会？野燕麦混在冬大麦的田垄中，会长成冬大麦莲座丛状的叶子；长在春大麦的田垄中，又会像春大麦那样蹿得又细又高,谁教的?有经验的渔夫,可以从冬季捕获的小鱼身上,看出来年夏天会不会发大水。大水年份鱼鳍和鱼鳍之间距离长,干旱年份短。信息何来?动植物没有意识,诸如此类的现象,我们司空见惯不以为奇。真要想想,不可思议。

个人并不意识到审美的价值,但他仍然以审美为乐。他们未必知道人的最佳存在方式是自由,但他们仍然欣赏那种方式。这就像胃不知道食物的营养价值,而仍然消化着食物,鸟不知道求偶的意义,仍然起劲地歌唱、舞蹈、蠢起羽毛一样。生命存在的形式,是无序平衡态中的有序平衡态。植根于原始生命力的感性直觉对于这个形式的敏感,很自然。以致许多没有生命的死的东西,例如宝石的结晶、窗玻璃上的冰花、像书法一样在岩壁上纵横交错的枯藤,都因为与生命力运行的轨迹类似,而被赋予生命的意味,成为审美对象。

贝尔说美是"有意味的形式",没错。问题是,这个形式的意味何来?我说,来自人的自由本质。斯宾格勒在区别动植物的时候,以自由和不自由为界。其实人和人之间的区别,比人和其他动物之间的区别,以及比动物和植物之间的区别还大。"美"之所以成为自由的象征,是因为它和真实的自由——生命力运行的轨迹,在形式上具有直观的同一性,所谓异质同构。前者所触发的心理效应作为经验形态(在其中只有前景是现实的,而隐藏在前景后面、形成前景的那些巨大的历史沉积,则是非现实的),与后者没有任何不同。

我们在审美中体验到的自由解放的快乐,性质上和真实的自由体验并无二致。在这里,要区分庄子梦见蝴蝶,还是蝴蝶梦见庄子,毫无意义。因为事后的理性反思,和审美没有关系。因为在象征的意义上,直接的现实性并非审美事实的要素。正如对象是否表现出"生命的意味",并不取决于它的物质实体是否真正具有生命。"表现"在这里就是"创造",就是在对象上进行"加工"。不过这种加工的实践,是通过感觉来进行的,是自由意识通过感觉而"进入"对象,并在对象中被主体所认识,而不一定是对象固有形式的实际改变。

古人论书法,有所谓"点如危岩堕石,捺如奔浪崩雷"。其实纸上墨痕,何来如此力度。"我见青山多妩媚,料青山见我应如是"。其实亘古地貌,"视"诗人与尘沙无异。审美中的自由,仍然是"人的"自由，亦即"人的本质的对象化"。它不是实际的自由，但是自由的象征。人可以在云影草色里见到爱人的音容，而实际上依然是孤独的流浪者。人可以在潇潇夜雨中听见儿童时代母亲的话语，而实际上依然是漂泊的游子。但云影、草色、夜雨等等，刹那间成了相爱而各自孤立着的、人与人之间联系的渠道，并不是虚幻的。

六

爱，是一种情感。联系，是爱的需要，是爱给定的"目的"。爱只是情感的一种。有各种各样的情感，包括道德情感和价值情感，包括仇恨和愤怒的情感，复杂矛盾不亚于理智。心理学家皮亚杰从生物学出发，通过心理学桥梁研究认识的发生，把人的自然经验分为物理经验和逻辑数学经验两种，指出前者反映客体的客观性，后者反映主体的心理活动。后者包括情感，它与理智分界，始于主客体的分界。有其自然史前提，也有其历史的原因。后者不仅反映，它还评价，不仅是活动的内化，还让内化的过程成为可逆的运算，对于美学研究，很有启发。

有独立的主体，才有主体以外的客体。审美主体是以情感为中介的、多种心理过程的集合，去把握现实现象的多种价值属性的集合。也就是人作为自由的主体，克服外在世界的顽强的疏远性，把异己的外在世界变成为人的本质的对象化的世界，并在其中欣赏自己的外在的现实。它是人的一种解放，同时它又让对象保持它自己的自由和无限，而不把它作为一种从属于自己有限需要和狭隘意图的工具加以占有和利用。因此，审美才被美学家们正确地描述为"无私的"、"无目的的"和"非实用的"活动。

"私"是一种区隔，一种细小空间的区隔。无私就没了区隔和与区隔相应的冲突，于是就有了古人所说的"和谐"。作为自由的形式要素，"和谐"是"区隔"之间的流动，是变化、差异和多样性的对立统一。人类追求变化差异和多样性的努力，以回到存在与本质的统一，才算是圆满成功。这个运动的轨迹，很像音乐：无数单独的乐音协同配合，或亢或柔或疾或徐，或先或后或远或近，离开主旋律后又回到主旋律，才得以成为音乐。否则就是噪音，散去一如飞埃。音乐性是一切审美现象的共性，也就是说无序中的有序，是一切审美现象的共性。

无私才能和整体相统一，摆脱实用的需要的制约才能解放。而审美事实，恰恰是这样一种个人从狭小的自我，即一己的忧患得失之中解放出来的一个象征。不论是什么，是人间的道德、天上的星空、初升的朝阳，还是黄昏的冷雨，只要一旦成为审美对象，同时也就成了接通个体与整体、有限与无限的中介。我通过这个多样统一的形式中介，走出我的狭小自我，与大自然、与他人、与"人的世界"即人类这个"大我"结为一体，而进入所谓"忘我"的境界，就是审美。"忘我"并非"无我"，而是"我"的自由解放。

前面说过，人类的历史，是整体分裂为无数集体，以及集体与集体之间互相斗争的历史。在各种集体主义、民族主义之类什么什么"主义"的驱动和绑架之下，人这个物种成了同类相残的物种。人类的历史成了鲁迅所说的"人吃人"的历史，存在主义者所说的"他人就是地狱"的历史。不用说历史运行的这种方向，和人类的无论整体还是个体的最佳存在方式背道而驰。个体存在和属类本质的矛盾，在归根结底的意义上，可以还原为一个自由与奴役的矛盾。古往今来一切较大规模的人际冲突，在归根结底的意义上，又都可以还原为一个，自由与奴役的冲突。

在审美中,"他人"不是地狱。他人的存在,或者说"你"的存在,是"我"的自由幸福的条件。"你"是包含在"我"的目的性之中的本质性因素。所以任何审美快乐,都只有在"你"与"我"的联系之中才能存在。共同欣赏的美,往往不自觉地用对方的眼光来看。单独欣赏的美,往往显现出对方的缺席。"每逢佳节倍思亲""酒意诗情谁与共",都是对方缺席的感觉。"梨花小院怀人"也是。表面上看起来,这是别人的缺席被体验为"美中不足",其实若无"别人",则连美都无,何来不足?

归根结底,这个"别人"也同时就是我们自己。质言之,美本身在其内在的完满性中,包含着更深刻的不完满。正因为如此,审美事实才成为"虚席以待"的人与人之间交流联系的渠道,才能成为个体与整体统一的途径。"举头望明月,低头思故乡",虽然是个人的感觉,带着个人的特征,但是明月和故乡之间的这种联系,却不是个人的。"海上生明月,天涯共此时","天涯"二字,在这里是"整体"概念。可以理解为类,也可以理解为不仅养育了我们的生命,而且养育了我们的心灵的无形的摇篮。

通过审美,主体在对象中复活了一个与自己的幸福、梦想、忧伤、悲哀和苦难等等密切联系着的世界的同时，也复活了一种与他人的联系。那个明月下的"故乡"，并不存在于过去，而是存在于此时此地。不是实质性的，而是精神上的——灵魂的故乡。儿时家园的一角，或者母亲的某句话语……诸如此类自由幸福的象征，往往"出现"在今生今世此时此地现实生活的破缺之处。它是在破缺之处"泄漏"出来的自由幸福的信息。这个"破缺"二字的背景，是幸福。曾经有过的幸福，是当前情境预设的前提与背景。

　　幸福与自由，有其同一性。不幸福的感觉无限多样，从缺少爱、被控制、无力感、无意义感到每日生活的烦闷无聊，也都可能因为审美，而得以象征性地解脱。与"他人"的潜在"交流"，意味着个体与整体的象征性统一，意味着物种共同在心灵上丰富成长起来。这种体验，有如音乐。不是同音反复，不是杂乱噪音。无数不同的声音，亢柔疾徐相呼，各自回舞飞旋，离开主旋律而又回到共同的基调，才得以成为乐音。不同乐音组成的旋律，离不开信息的交流。所以"交流性"，也是审美的要素。

七

在这个意义上,"美是自由的象征"这一短语,包含着交流、引力、动力、路标、价值取向等多种含义。所以"美"这个词,动词的成分多于形容词,价值词的成分多于名词。它的形式无限丰富,但就其价值取向而言,却又十分单一。这是一种无限丰富的单一,是许多单一所组成的有机整体。所以美,作为"孤立绝缘的形相",却又是多重价值经由情感综合的统一。只有情感,才是把丰富整合为单一的力量。因此它没有可能,仅凭逻辑推理,而"被定义所掌握"。也没有可能,依靠精密量度,做成一个实体,或者建立任何规范。

所以美学——这门以美为对象、以美感经验为研究中心的跨学科的学科,主要地还是一个价值体系,一个哲学领域的内隐的框架。它不谋求建构某种标准,或者设立某些条件,把经验上千差万别而又变化无穷的审美事实,做什么理论上的规范与划一。相反,它要强调的是美感的绝对性:个体的感觉是审美的真理。羊不可以因为猫不吃草而认为猫愚蠢;桃花不可以因为李花是白的而觉得李花不幸。任何人都无权肯定或否定他人的审美经验。除非现实界和语义场荒谬到使你无从进入审美领域（这是常有的），只要你一进入，你就是真理。

你说，英俊伟岸而灵魂丑恶的人，金玉其外而败絮其中的物，是什么真理？我说，真理不是只有一个。一个法学断定的罪犯、伦理学断定的坏人，可能是医学断定的好人、社会学断定的强人。这些不同的判断，可以都是对的。你偶然碰到一个陌生人，完全不知道他或她的身份德性，就可以感觉到他或她的美或不美，并且别人不能否定你的感觉。因为感性直觉不是思想意识。一进入思想意识，感觉就没了。感觉是无意识的，但是美学作为事后以观察者的身份进行的对感觉的研究，却不是无意识的。

心理学家们将意识区分为意识、下意识、上意识三等。意识是了解适应环境、设置目标计划的能力。下意识（无意识）是人类的原始本能被既成的历史社会条件和文化心理结构压抑，在意识的光芒烛照不到的黑暗中影响着我们思想行为的能量。弗洛伊德称之为"否定的复合体"。荣格说不是否定的，是生命力在黑暗中不断地为自己开拓道路，所以它也可以通过遗传和历史的积淀代代相传，而成为一个民族、一个社会、一个集体共同具有的东西——集体无意识的基础。两种意见不同，但是都对。

我们借以探索精神的武器仍然是精神。我们借以了解意识的工具仍然是意识。这个探索精神的精神和了解意识的意识就是上意识。它像一面镜子，可以照见光源——我们自身的意识。它并不存在于我们的精神和意识之外，而是我们的精神和意识的自我超越。这种超越不是别的，也仍然是拥有人类的大自然通过人类而进行的自我认识和自我超越。它和意识、无意识的区别，不过是生命力运行表现在不同级水平上的区别而已。所以这三者又常常通过感情而交织、融合在一起。所以探索什么是美，不论使用何种工具，都离不开情感经验这个基础。

情感判断内含的价值判断，永远是一个消逝着的环节。只有可能性和过程是永恒的。可能性和过程不会停留在一点上，它向现实性的转化的轨迹，呈现出各个孤立现象即价值客体之间的联系。所以表面上看起来"孤立绝缘"的美，更深一层来看正好相反：对美的感受就是对联系的感受。理由也很简单，"自由"这个概念，是在和"他由"的对立中产生的。"他由"之"他"，无限多样，并不都是自由的对立面。束缚自由的，是其关系的结构。在结构的破缺之处灵光一闪倏尔而逝的美，同样也是某种特定关系——人的最佳存在方式的信息。

作为自由的象征，审美也是一种创造。一种对于已知的、熟悉的、被认可的世界的超越。一种向着前所未有的、被拒绝的和不可知的世界探索前进的努力。它可以赋予，比如一朵朝开夕谢的野花和万古长存的雪山同等的审美价值。它可以赋予，比如某次偶然相逢的目光一闪和超弦假设的数学模型同等的审美价值。不论"正确"与否，没有人能够质疑这个价值尺度的有效性。创造了一种价值尺度，也就是开拓了一种新的思维空间和精神维度。虽然微细短暂，虽然无人知晓，这种潜在的精神创造，为人类进步提供的能量，不亚于物质生产和科学技术的发明。

因为这个消逝着的环节，每每在不知不觉之中，断断续续地却绵绵不绝地，为人类提供了不可缺少的精神能量，创造着生命的价值。没有此时此地的人生的照耀，没有那在现实与理想之间的交叉点上燃烧着的光芒的照耀，一切以往和将来都将沉入虚无的黑暗之中。说到究竟，所谓生命，所谓"自我"，还不是一种有始有终的、此时此地暂时的现象吗？审美是暂时中的暂时、个别中的个别，往往不期而至，但永远与整体有关。用格式塔学派的话说，它是一种"完形"、一种"场域"。通向这个场域的途径，是对于情境结构内存在的缺口突然觉察。我喜欢这个说法。

八

对于情境结构内存在的缺口的突然觉察，很像是佛家所说的"顿悟"。这之前长年累月无意识的文化的积累，也和宗教信徒们的"修行"类似。当然，性质不同。前者无意识、非线性、稍纵即逝。后者有意识、守持、苦行，一条道走到底。倘若真能顿悟，"千年暗室，一灯即明"，也就有了美学意义。那一灯之明，无非了脱生死，也是一种自由解放的体验，同乎审美。时空无限，人生短促，如梦如幻。佛说"色相皆空"，确是绝对真理。这个真理于人，没有丝毫用处。但是，正因为不实用，非功利，无私无我，它才是美的，宛如芳草斜阳，宛如明月清风。

"我"是谁？"色相皆空"。无私无我，反而得以有我，得以在对象世界中直观自身，并赋予对象世界以意义。作为意义赋予者，才是自由的主体，才有我。貌似悖论，不是悖论。老子说"有无相生"，看来也是真理。岩石作为自在之物，并不欣赏人的意志，即使后者与它同样坚强；火焰作为自在之物，并不欣赏人的情感，即使后者与它同样热烈。为什么人能够欣赏岩石的坚强和火焰的热烈，并且在其中直观自己的意志与情感呢？因为无私无我，无功利心，无分物我，与对象世界同一，得以实现心与物的同构对应。

无主体即无对象。实在界固有的物质能量运动方式都与审美无关。如果植物发育的生命节奏同音乐对它的影响一致，如果音乐能使牛多产奶、鸡多下蛋（生物学界有此一说），那么这并不是审美。因为植物、牛和鸡都不是主体。就像笼中鸟和缸中鱼，因为没有把自己和对象世界区别开来，谈不上自不自由的问题。这种现象只不过表明，宇宙万物之间，时或会有不同质量不同级的、随机出现的同构对应。机遇之有，是一种"造化"。古人论画，有"外师造化，中得心源"之说。古人论文，有"文章天成，妙手偶得"之说。"道法自然"，也算"鬼斧神功"。

无机世界也有不平衡中的平衡，但对无机物而言，无所谓佳与不佳。经由审美感觉的引导，我们不自觉地喜爱这种形式，显然"无目的""非功利"的后面，隐藏着一个物种生命力趋向有益结果的原始本能。有益是一切价值的尺度。认识的价值是真；伦理的价值是善；政治的价值是进步；经济的价值是消费……同一事物从不同的角度来看，可以具有不同的价值，科学价值、军事价值、历史价值、医疗价值、使用价值、参考价值……审美价值所体现的不是单一的价值，而是一种立体的和复合的价值，即价值结构的有机整体。

人的利益，或者说价值，从表层的荣辱得失到生老病死，到深层的、终极的意义上熵和负熵，都可以通过同构对应的棱镜，让人可以在对象中直观自身。所以不同的人有不同的美。如同染色体能够交换基因这一事实，极大地增加了已经像天文数字那么大的遗传上的不同合子的数目。如同三原色和十位数可以组成无数的颜色和难解的密码。这些合子、颜色和密码实际上构成了一个主体与客体之间的独特的空间逻辑路线。这个路线是抽象的，在其中单独看起来是丑的事物联系起来看却可能是美的。反之亦然，它是有机整体的一个象征性的形式。

这个象征形式的整体，不是局部相加之和，是一个审美主体的创造。它可以是实体,也可以是虚幻的、精神的、非物质的。就像数学的和谐或者伦理的和谐那样,只是通过审美主体的心理活动,才获得了有可能被感觉所把握的形式的东西。换言之,美感创造是多种心理因素不同比例的、有时突出这一种有时突出另一种的组合。这种不同组合给这些相互作用的每个组成部分都打上心理特征的烙印。以致 2+2 不一定等于 4,它可能等于 0 或者依然等于 2,也可能等于 100 或更多。这种主客体双方多层次、多元素的交叉组合所产生的象征符号是无限的。

九

在这个过程之中,文化的东西丧失了它外在于人的语义符号特征,而成为一种内在的、非语义非符号的心理动力,并从这心理动力不断生长出来,不断"外化"并增强生命的负反功能。审美活动不是"非生产性的开支",而是一种看不见的人类进步的阶梯。一件最初看来是美的事物,如果你天天看,看惯了,也就不觉得它美了,就不会因为看到它而觉得快乐了。表面上看来这是一种消耗和损失,是一种心灵的衰退,事实恰恰相反,这是心灵越过了那个它所享受的目的而上升到了更高的境界。

或者说这是心灵由于消费了原先的营养而成长起来了。这时它已经有了更高的需要，因而那原先的感觉已经没有可能再使它感到满足和快乐。但它的这种在快乐上的损失，在心理力的强化和心理结构的复杂化方面已经得到补偿，从而使它有可能得到更多的快乐。这种消费变为生产的过程，实际上也就是目的变为手段的过程。心灵是活东西，处在不断丰富和成长的过程之中，所以美也不会停留在一点上。它总是以每一种新的感知和体验为媒介，而进入新的经验之中，生生不息而万古常新，却又始终和某一个特定的对象相联系。

换言之，美并不守恒，它一旦从美感中产生出来以后，同时也就溶解在美感之中，从而扩大和丰富了美感，在自我扬弃中重新诞生。有趣的是，美的这种特性，很像信息的特征。物质和能量是守恒的，但可以被转化。信息可以被变换但不守恒。因此除了信息变幻的定律，还有信息产生和耗散的定律。耗散的结构同时也是生长的结构，在这一点上它与审美相同。于是我们看到，整体的手段怎样变成了个体的目的，个体的目的又怎样转化为整体的手段。这种手段对于目的的超越，也就是整体对于个体的超越。步伐很小，但合目的。

由无机物演化到有机物，由单细胞演化到人类，这个生命的发展过程不仅是有机体的结构越来越复杂和多样化的过程，也是有机体主动能动的活动能力越来越增强的过程。一旦"最佳存在方式"成为这个过程的结果，历史也就变成了进化，思维也就变成了意志，意识也就变成了无意识，理论思考亦即概念运算、逻辑推理也就变成了感觉。这种感觉就是美感。在其中理性结构变成了感性动力，人类社会的东西也就变成了个人的东西。一言以蔽之：生命发展到这一阶段，它就能更加自觉地和有效地反抗熵流的瓦解和侵蚀了。

人一旦成其为"人"，生命一旦进入了"人"的这个过程，就不再能满足于食宿起居中的、生物学上的满足了。一种"人的"满足必然创造一种新的"人的"需要，这个过程永远没有终结。需要得不到满足固然是痛苦的，但是一种需要满足以后如果没有新的需要和新的追求来代替它，也仍然是痛苦。生活的狭隘、单调、枯燥沉闷和没有变化所造成的痛苦，有甚于一种需要得不到满足所造成的痛苦。托尔斯泰写道:"什么都好,只要不是空虚。"空虚的痛苦是促使人们继续前进的动力。如果没有这种痛苦,人的生活就和动物的生活没有两样了。

动物的所谓满足就是它的生存条件的满足。而人已经不能满足于这样的满足了。对于人来说,仅仅活着是不够的,仅仅吃好、穿好、住好、有钱花,是不够的;他还需要更多,否则就会痛苦。这痛苦的能力,也是人进步的手段。从这个角度来看,人类的许多消极情绪,例如厌烦、无聊、惶惑等等,都有一种积极的意义:如果没有它们,人人安于现状,麻木不仁,对生活没有要求,怎么样都可以,社会就会停滞。停滞就会腐败,腐败就会瓦解。熵定律的无情,也就是历史的无情。

不管伊壁鸠鲁说得多么认真,事实上没有一个真正的人可以在老饕的餐桌或者守财奴的保险柜里找到幸福。"人的"生活是一条漫长的路,到了顶峰,就得下坡。没有开不败的花朵,没有历久长存的全盛时期。人在满足以后会感到烦闷,胜利以后会感到空虚(如果这胜利不是他继续前进的驿站的话)。"成功"只能是一个驿站:如画的风景使人烦腻;反复演奏的乐曲使人厌倦;餍饫者苦于厚味;持久的权威必然变成荆棘冠冕。权力作为信仰的工具，如果一旦本身变成目的，而把信仰当作它的工具，就会使权力者从英雄沦为罪犯。

"人活着是为了生活，而不是为生活做准备。"这句常常被用为警策的格言，至多只对了一半。因为生活的意义和乐趣只能在这种永不停息的准备之中，在这种追求—满足—再追求以至无穷的前进过程之中得之。人们努力着、忍耐着、期待着，好像全部生活只不过是某个理想日子的预备期似的。如果没有那个日子的照耀，所有这一切充满忍耐、努力与期待的日子都会显得更加暗淡和不能忍受。而那个理想的日子，或者永远不会来，或者来了又去了，留下的真空依然只能用新的努力与期待来充实。

"吟诗日日待春风，及至桃花开后却匆匆。"这就是人们生活之流的常态。如果常态不是这样，如果世界上充满志得意满的行尸走肉，历史就会停滞发酵如同农家沤肥，那还谈什么"最佳存在方式"呢？"黄鹄去不息，哀鸣何所投？"唯其如此，才有美丑。为什么"文穷而后工"？因为"物不得其平则鸣"。圆满的生活中从未出现过伟大作品。真正的诗人总是在圆满中感到不圆满，力图突破圆满追求更高的人生价值。以致"忧从中来，不可断绝"。以致"停杯投箸不能食，拔剑四顾心茫然"。唯其能如此，才是真诗人。

十

有谁（黑格尔吧？）说过：东方人见到统一而忽略了差异，西方人则见到差异而遗忘了统一；前者把自己对永恒的一致性所抱的一视同仁的态度推进到白痴的麻痹状态，后者则把自己对于差异性和多样性的感受扩张到无边幻想的狂热地步。这话，从泛文化背景看，没错。中哲谈美，比较形而上。深刻抽象的片言只语，须与他的人文精神伦理观念联系起来才能理解。诗、词、画论虽精彩纷呈，但零碎散漫，只能罗列，要概括反而勉强。美学，作为一门学科，还是西方的研究更专业、更系统、更深入。这和他们以个体为本位的思维方式有关。

审美活动，存在于个体之维。研究美，以个体为本位，就抓住了壶把手。但西方美学的主流意见，把美看作是自为目的的活动，而不是存在与本质统一的手段，就有点儿把对于差异和多样性的感受扩张到了幻想地步的嫌疑了。他们强调只有和充满苦难和紧张的现实世界拉开距离,心灵才有可能得到安息。只有面对和现实世界孤立绝缘(不仅空间上绝缘,也和过去将来绝缘)的形相,才得以成为审美对象。如果距离拉不开,绝缘无可能,何妨"有意识的自欺",何妨"用儿童的眼光来看世界"。并且这本身就是目的,所谓"自为目的的形式才是有意味的形式"。

总之,审美在他们看来,不过是在历史命运面前无能为力的个人们逃避异化现实的避难所。艺术所创造的静止的圆满境界,在他们看来,不过是一种"苦闷的象征"。在无穷的忧患之中,我们也的确从美与艺术得到无穷的安慰,几乎情不自禁地要同意他们的见解了。但我还是更相信,审美是通过象征,用一种真实的自由,来代替他们那种想象的自由。用一种真实的幸福,来充实他们那种自欺的幸福。更相信审美是通过象征,把握对象世界的真实价值而不是虚幻的价值。所以我心目中的美与艺术,是"自由的象征",而不是"苦闷的象征"。

孤立、静止的境界,并不是导向美的境界。相反地它只能导向美的反面,即导向生活与自由的反面。弗洛伊德把人类(和一切动物)的懒惰,解释为死本能(生命内在的重力)的表现。没错。懒惰不是美,而是审丑。圆满寂静的审美境界，只能是自由的境界。只有越过死本能，才有美的追求与人的解放。你看那些伟大沙门的貌似超脱的言行，都不过是把自己作为敌人，与之进行一场看不见的甚至比在红尘中与他人的战斗更加艰苦的战斗。你看那千百年来恒河沙数的清教徒中，有哪一个意志软弱的人物，成了高僧的吗？

在懒惰与静止之间，有一种内在的联系。所谓"安息"，是人对这种联系的体验。所以它恰恰是导向美的反面。谁需要安息呢？老人、病人、承认失败的人、消沉颓废的人……但他们是否得到安息就满足了呢？如果这安息不是他恢复活力的小憩，而是"永远的安息"，美又安在？种种基于信仰的自虐，都有一种雄奇犷顽。因为那种自虐之苦，是达到其自身反面的中介，怎么可以把一种桥梁和中介作为目的而不是手段来欣赏呢？我相信审美活动所要寻求的恰恰相反，不是"有意识的自欺"，而是无意识的自觉。

事实上人类的审美活动，作为一种植根于生命力的、人化了的感性动力对抗死亡——滚滚熵潮的活动，恰恰是这样一种无意识的自觉。已经达到的目的，是正在消失的环节。它应当被扬弃，而不应当被守住。要守也守不住的。"人生忽忽忧患里，清景过眼能须臾"。人生的归宿是在路上，而不是在深深的沙发之中。不完满的生活中有完满的美，我们只能通过它走向生活，而没有可能通过它避开生活。所以不是孤立而是自由，不是距离而是对距离的跨越，不是游戏而是摆脱了物质需要制约的创造，不是无目的而是手段对于目的的超越，才是美的本性。

"何处是归程？长亭连短亭！"事实上，一切对于自由的言说，都同样适用于审美。说自由是目的，那么审美也是。说自由是手段，那么审美也是。说自由是手段和目的的统一，那么审美也是。说自由是一种体验、一种经验形态、一种快乐和幸福，那么审美也是。如果说自由是有限和无限、个体和整体、存在和本质、主体和客体，或者规律和目的、精神和物质等等的统一，那么同样可以说，审美也是。总之举凡我们可以用来描述和定义自由的一切，都同样可以用来描述和定义审美。说美是自由的象征，不过是对此的一种确认而已。

（本文原载1982年第1期《西北师大学报》社科版。）

美学研究可以应用熵定律吗？

在《美是自由的象征》中，我曾用熵定律来说明一些问题。发表后受到的批评，使我感到，有必要单独谈谈这个问题。

一

反对把熵定律引进美学的人们甚至宣称，许多美学家和文艺理论家之所以"犯错误"，是因为"受了高尔泰的影响"（《文学评论》1987年第3期）：

"对于高尔泰同志的上述观点，刘再复同志一再热情介绍，他先是在1984年发表的《论人物性格的二重组合原理》（《文学评论》）中做了肯定性的全文引用，继而在1985年发表的《论性格二重组合的整体性》(《福建论坛》文史哲版)中再次作了肯定性的全文引用。不仅如此,他还按照高尔泰同志的上述观点以及关于'生命的旋律是不断地离开单一的无序平衡态(所谓一)向各种各样的有序平衡态(所谓多)进化'的观点,在《论人物性格的二重组合原理》一文中对'性格二重组合'作了如下解释:'性格二重组合过程,是不断地离开单一的无序平衡态,而向多种多样的有序平衡态(从"多"到"一")进化的过程。'后来在《论性格二重组合的整体性》一文中作了进一步的发挥:'性格组合过程,是不断地离开单一的无序平衡态(从"一"到"多")而向多种多样的有序平衡态(从"多"到"一")进化的过程。因此,塑造一种具有美学价值的性格,它不是单一的无序平衡态,而是"一"包含在其中的有序平衡态。'这些说法同样是由于没有搞懂基本理论概念,因而同样导致理性上的失误。"(同上)

他们的主要论据,就是把熵定律和热寂说混为一谈:"'熵定律'和'热寂说'是完全一致的东西,称呼有别,实质同一,赞成'熵定律'就是赞成'热寂说'。"(《文艺理论与批评》1988年第5期)"毫无疑问,高尔泰同志所谓'具有普遍意义'的'熵定律',是和'热寂说'完全同质的东西。正因为如此,所以两位同志在谈了'熵定律最先进入我国美学界,高尔泰用它论证了多样归一的规律……'之后,接着写道:'坦白地说,熵定律描绘的世界前景是令人难以接受的。按照熵定律的推论,整个宇宙内的温度终将达到均衡,进入不再有热量传递的所谓热寂状态,届时不但人类,万事万物和一切的一切,统统都会死亡,这是一幅多么可怕的图画。'"(同上引《文学批评方法论基础》320、321页)

我同意,熵定律是物质世界的规律,不是精神世界的规律。但是精神和物质不是对立的,随时可以互相转换。反增熵活动是生命本身的活动,正是在这个活动中才见出生命。而精神,作为人类生命的特征,有一种测定和追求负熵的内在需要,驱动人们去寻找和追求在这个意义上的最佳效能和有益结果。这种最佳效能和有益结果的感性显现,就是美。美是生命力克服阻力胜利进行的象征。正因为如此,所以一切审美现象,都无不具有生命的意味。事实上审美的能力本身就是一种高度增强了的生命力。所以为了了解美,必须了解生命。为了了解生命,必须了解死亡。为了了解死亡,必须了解熵。这是我强调把熵定律应用于美学研究的理由。我为此而进行的一切研究与思考，都是立足于美—生命—多样化的过程与熵—死亡—单一化的过程之间力与阻力的斗争。我常说生命是远离平衡态的平衡态，我常说美是变化、差异和多样性的统一，都无非是对于呈现在我们美感经验中的这一过程所形成的各式各样的运动轨迹（在小的时空限度内截取出来的）的一种认识。

按照这个认识，我相信审美活动不是非生产性开支，不是一种精神贵族的奢侈浪费，而是我们实践地改造世界以保存和发展自身的一种活动。按照这个认识，我相信美不是生活的外在的装饰品，而是具有反对封闭追求开放，反对僵死追求活跃，反对单一追求变化、差异和多样性的特性的，生命本身内在活力的表现。正因为如此，我以前常说，一个人如果在艰难困苦中仍能保持美感，这是他精神力量强大的标志。

二

我承认，我至今没有读懂大自然这本奇书。我想这是因为，我们总是习惯于以欧几里得的几何观念去想象时空，从而认为宇宙只能是无限的、静态的，以致无法理解和接受"封闭的空间""有限的时间"

一类概念。在爆炸宇宙模型已被科学界普遍承认的今天看来，封闭的宇宙也仍然是一个谜：它的创生在时间上是奇点。正像地球的北极（那里是地球坐标的一个奇点）没有向北的方向一样，在宇宙创生的时刻没有过去。这件不可能的事情，看来却是事实，我只有茫然。

面对宇宙的深邃和神秘，我常惊怵肃穆惶惑。因此长期以来，一直关心这方面的消息，从UFO、气功、灵异……到理论物理学，诚惶诚恐。据我所知，迄今为止，宇宙"短缺质量"的问题仍然没有解决。熵定律是否就是热寂说？宇宙是有限还是无限？前景如何？这些仍然是自然科学家们有争论的难题。作为人文学者，我们可以利用自然科学的成果和资料，但是最好不要介入自然科学家们之间的争论。支持这个反对那个。如果没有一定的观测数据和实验手段作后盾，仅仅挟意识形态的淫威，外行领导内行，没有任何实际意义。

热寂论是伴随着热力学第二定律诞生和发展的。无论在理智上还是情感上都给人以强烈的冲击。许多与其发现者克劳修斯同时代的科学家都曾强烈反对。如1872年玻耳兹曼（正是他首先赋予了熵的增加以统计解释）的涨落说：热平衡态总伴随着有涨落现象。后者是不遵从热力学第二定律的。又如1876年恩格斯《自然辩证法》中的推测："放射到太空中去的热一定有可能通过某种途径（指明这一途径，将是以后自然科学家的课题）转变为另一种形式，在这种运动形式中，它能够重新结集和活动起来。"大爆炸宇宙学否定了热寂论，但是肯定了熵定律。它指出对于膨胀着的体系，每个瞬间熵可能达到的极大值也是与时俱增的。如果膨胀得足够快，体系不能每时每刻跟上进程以达到新的平衡，完全有可能已在体系的熵不断增加的同时，它距离平衡态（热寂）却愈来愈远了。

我们的宇宙中发生的正是这种情况。它从单一的混沌状态发展起来，产生各种各样的变化、差别和愈来愈复杂而多样化的结构。于是，在微观上产生了原子核、原子、分子（从简单的无机分子到高级的生物大分子），在宏观上演化出星系团、星系、恒星、太阳系、地球、生命，直至像人类这样的智慧生物和他们组成的愈来愈发达的社会，以及他们所创造的愈来愈高级、愈来愈复杂能动的文明文化与美感。这样看来，宇宙恰像是古埃及神话中的火凤凰，能够不断从早期的热寂中复生。我想象我们称之为伟大文明的一切东西及其整体，也许已经在宇宙中周而复始地出现过无数次了吧？这当然无助于我们预测宇宙的最终结局，但至少折磨了物理学和哲学界一百多年的噩梦——热寂说，可以与熵定律区别开来，作为历史的一页翻过去了。

所以那种把熵定律和热寂说混为一谈，认为应用熵定律必然导致热寂说和历史虚无主义，甚至宣称熵定律是"伪科学"，从而不能应用于美学的说法，我拒绝接受。

三

反对者们所持的第二个理由，是热力学第二定律（熵定律）应用范围极其有限。他们一再强调，热力学第二定律不能用来解释美学问题，因为它只适用于孤立系统即封闭系统，而"不但生命系统……性格系统、文艺系统、美系统、人类社会系统、宇宙自然系统，都因为属于开放系统，所以原则上都无法用热力学第二定律来说明"。

在宇宙中，无论开放还是孤立都只是相对的概念。在相对的意义上，热力学第二定律不仅仅只说明孤立系统，也说明开放系统。孤立系统的熵只能增加。开放系统的熵可能增加，也可能减少。无论增加或减少都同样可以用熵定律来说明。所谓熵增加原理适用于孤立系统只是热力学第二定律的一种表述方式。热力学第二定律还有其他表述方式。例如第二类永动机不可能；热不能自动由低温物体传到高温物体；一切宏观实际过程不可逆，等等。"一切宏观过程不可逆"也就是"一切任意过程不可逆"。这两种表述，都排斥任何"孤立系统"的假设。

　　孤立系统的定义，是有限时空内与外界没有任何相互作用，系统性质不改变。由于实验科学不可能在无限时空中加以检验，这个定义实际上是说，当系统与外界所进行的质量交换和能量交换可以忽略时，该系统可称为孤立系。所以，如果没有此时此地许多现实条件及其总和为参考系，一切都将无从谈起。一切都是有其前提条件的，并且只是在有限时空的范围内才能确认的。这个"有限"可长可短，如果把数百万年的时间压缩到几秒钟来看，则静静的群山就会像波浪一样起伏不定。与之同理，在小的时空限度内，开放系统、耗散结构也可以获得某种暂时的平衡，即相对稳定的有序结构。我把这种不同于静态平衡的动态平衡，即相对稳定的有序结构，称之为远离平衡态的平衡态。这必以系统获得负熵流为前提，不但不违背热力学第二定律，而且也只有用热力学第二定律才能说明。关于热力学第二定律只适用于孤立系的说法，显然是把热力学第二定律和热力学平衡态以及熵增原理等不同概念的不同使用条件混淆了。

此外，说社会、思想、性格等等都是开放系统，也都不符合事实。事实上在有的时候、有的地方，社会是封闭的，性格是单一的，思想是僵化的，以致作为这一切的认识和反映的文学、艺术和理论体系，也都是封闭、僵化和单一的。在这种情况下，即使"只适用于孤立系"的熵增加表述必然也是适用的。在社会科学中，特别是在历史学和政治学、经济学中熵概念常常被作为"无组织力量"的概念而广泛地使用，很能说明问题。正因为如此，许多学者（例如里夫金、霍华德和诺贝尔化学奖获得者弗雷德里克·索迪等人）指出，熵定律为世界上一切物质活动的展开提供了整体框架，举凡政治、经济制度的荣衰，国家的兴亡乃至企业的成败，都可以用熵定律来说明。现在这已经是普通的常识了。

四

反对者们提出的第三条理由是,熵所导致的静止平衡是死状态,而生命是活的,所以不能用熵定律来说明生命。这个指责并无针对性,因为我所说的生命恰恰是负熵,即反熵的。原文俱在,不用重复。我说那个是为了说明美,作为一种具有生命意味的象征形式,是一种动态平衡,即远离平衡态的平衡态。

自然科学所说的平衡态,即静止不动的状态有多种性质。例如有力学平衡态,有化学平衡态(化合分解相抵消),有热力学平衡态,也有生物学平衡态(生态平衡)。并非所有的平衡态都是死的状态。比方说拔河,双方对抗力量相等,合力为零,静止不动,这叫质点平衡态,是力学平衡态的一种;又比方说一株在大风里弯曲着颤抖的树木,合力为零,合力矩也为零,静止不动(不改变弧度),这叫弹性平衡态,是力学平衡态的又一种。在这两种情况下,都不能因事物静止不动就说它等于死亡。把这个意义加以引申,我们可以说海浪或者瀑布是动态平衡的。再引申也可以说生命是动态平衡的。这同贝纳德纹样之类不能以任何方式把能取出做功的静态平衡完全不同。

所谓热力学平衡态，是指孤立系统宏观性质不再改变的状态。即使在这种状态下，微观粒子仍然运动着，涨落仍然存在，也不一概都是"死"状态。而生命，作为一种耗散结构，可以形象地比喻为"远离平衡态"的平衡态。远离平衡态也就是非平衡态。所以在《美是自由的象征》中，我说："非平衡态热力学所揭示的生命是一种典型的耗散结构，它是热力学平衡态的一种推广。"在这里，两个"平衡"概念之间有着极大的层次差异：前者作为隐秩序是相对于最大可几性——混沌而言的；后者作为显秩序是相对于最小可几性——秩序而言的。正因为如此，我们又常说，生命是生命又不是生命。你要把这话理解为"生命是活的死"，又何尝不可？

说"平衡""静止"等于"死"，就如同说"统一"等于"热寂"一样荒谬。不论是动态平衡还是不平衡，不论是变化差异还是统一，都无非事物运动流变着的、历史的暂时的形态，远不同于"热寂"那种静止单一固定不变的状态。"统一"不是"同一"，它是以变化、差异和多样性为条件的。没有变化、差异和多样性，就只有同一而没有统一。"统一"与"同一"的区别，就是"可能性"与"不可能"的区别,二者不可混淆。有些人正因为混淆了这二者,所以把一切平衡态都理解成"死"状态,并以为不如此就违背了逻辑。这样来谈美,恰好是"却将正色谈风雅,戎服朝冠对美人",和真理始终隔着一层。

所谓可能性,也就是多样化的可能性。一个本质从自己的核心延伸出来,走向开放,即向无限可能性开放,必须以选择为前提。选择有待于条件,所以它是随机的。随机地选择自己可能的生存状态,便出现了生命的多样性。但选择是有立足点的,因为尽管随机,进行选择的主体必须按照自己内在的要求加以选择。不可能在选择之前改变自己的出发点即自己的质。改变自己的质是一种不可能,因此也不会有多样性。反过来,多样性如果不与可能性(以及潜在于可能性中的统一性)联系起来,也是无法存在的。我们说生命是远离平衡态的平衡态,犹如说七彩光是远离太阳的太阳。后一个"太阳"指太阳放射的七彩光线。但在核心处,七彩光与红外线、紫外线以及不能引起视觉的大量电磁波聚缩平衡成一个无法分辨的光源。这两者确实不一样,但又确实都是太阳。太阳成为七彩光(以及无限多的中间色相)是因为它远离核心,而七彩光与大气层的条件有关,由于远离而成为多样。但本质所选择的毕竟是同光和色相适应的地球条件，而不是同质量与重力相适应的条件（尽管质量与重力也是地球物理条件总和中的一部分）。另一方面选择也是随机的，太阳光在其他星球（太阳系中的）上也要生存，在那儿它选择其他条件和与之相应的生存状态，可以与地球上的完全不同。如果没有统一性，没有平衡，也就是没有了立足点和出发点，可能性就成了不可能。有谁能说七彩光只是多样性而没有统一性（即它不是太阳）呢？如果没有随机性，事物的反熵的本质和活性就显示不出来，生命的（也是美的）面向未来的因而也是活生生的灵性也就无从产生，更无从进入我们的自我意识，成为我们与熵流做斗争的本质力量的强化部分。

正因为随机，所以事物才有序，小至每一稳定有序结构，大至一切规律（是周期性的有理序）都是在随机过程中显现的。而对于生命体来说，则是选择的机制在其中起着更为重要的作用。特别是在主体人的审美过程中，多变量输入和多变量输出的系统操作所显示的随机性和选择性，时时刻刻都在形成不同的动态平衡即多样统一，时时刻刻都在创造着新的美，引导人们在封闭的社会里和单一的轨道上使选择保持开放，以求突破束缚而谋取生存和发展的最大可能性。而这，也就是审美活动作为人类反对熵流的精神手段的特殊功能。在这个过程之中，主体在用内部结构对客体进行建构以获得关于客观世界的知识和印象的同时，面对客观世界无限丰富的信息和新的刺激，主体又通过或同化、或顺应的过程，或巩固、或调整、或创造新的认识、感受结构去与之相适应。这样一直在不断建构过程之中不断达到新的平衡。我们所常说的主体与客体的矛盾，实际上也就是同化与顺应之间的不平衡所产生的张力。在平衡中包含着不平衡，在不平衡中求平衡，这种皮亚杰所描述过的主体认识和感受结构的动态平衡过程，也可以说是一种远离平衡态的平衡态，它正是我们从美学的角度所看到的流变中的世界总体和生命之流存在过程的一个缩影、一个象征。这里面既有变化、差异和多样性，又有对立面的统一（不是同一），并且正因为如此，才形成动态平衡，才呈现出选择的随机性和它所提供的可能性。

我们强调多样统一是美的规律。反对者们则认为，既然熵的增加导致多样归一，我们所谓的多样统一也就是多样归一。既然熵定律是"邪说""伪科学"，所以"宇宙万物只能多样，不会'归一'，所谓'多样归一的规律'是不存在的"。

我在所有的文章中一律使用的"多样统一"这一概念，由于反复说明，意思是明确的。但是在我的批评者那里变成了"多样归一"。他们把这两个概念混为一谈不是偶然的，因为在他们看来，"多样统一"也就是"多样归一"。所以必须反对。这种观点同传统的"一分为二""只分不合"的"斗争的哲学"完全一致。如果说"统一"，岂不是"合二为一"，变成"归一"了吗？并且这样一来，也就更便于把熵定律等同于热寂说，从而反对美学研究应用熵定律了。

否定多样统一，强调宇宙万物只能多样不能统一（或"归一"）实际上是以科学的名义来反对科学。没有统一，何来普遍性？没有普遍性，何来统计意义上的规律？没有规律，科学活动还有什么意义？还有什么可能性（连个参照系都没有）？生命、社会、文化、科技成果等等何由产生？又怎么谈得上什么"建设马克思主义的文艺理论"？我们为此而进行的"笔谈"，还有什么必要和意义？

其实那种观点，也远不是无限多样中的一个特殊。从理论上来看，它是传统美学的一个继续。从实际上来看，它针对当代美学中出现的许多新概念、新方法、新科学所提出的批评，表明它深深卷入了当代思想冲突的现实潮流，是这个潮流的组成部分。其写作目的，如果不是为了说服我们，也起码是为了说服广大读者，归根结底还是为了统一认识。引用恩格斯关于能量守恒的说法反对热寂说，引用钱学森关于孤立系的熵只能增加的说法证明"宇宙或世界"作为"无限大的开放系统"不可能增熵，都是为了这个目的。然而如果不承认统一的可能性，这一切都将无从谈起了，还写文章干什么呢？

文章固然是写出来了，但是由于它宣称宇宙万物只能多样不能统一，强调科学性就没有意义了。并且我们可以从科学的角度，提出许多它不能回答的问题。例如我们可以问，既然宇宙是无限的，而且宇宙万物只能多样不能统一，那么能量又怎么能够守恒而不散失呢？如果你的意思是说孤立系能量不守恒，而宇宙的总能量是守恒的，那就是说任何孤立系都无非宇宙的一个组成部分，无数孤立系之间存在着一种普遍联系，那又怎么能说宇宙没有统一性呢？此外，无限的含义，也就是无量。根据有限时空的有限次实验中总结出来的经验规律，又怎么能够测定和证明一种无限无界的东西的总含量——它的能量和质量，并且知道它们是不统一的呢？

用科学的名义发言，之所以可以反对科学，就因为把公式、定理、术语、概念等这一切作为思维工具的东西客体化、外在化和神圣化了，从而忘掉了我们作为主体的人的根本需要和现实目的。1959年"大跃进"中，钱学森先生出来以科学的名义发言，证明粮食亩产必定可以达到万斤以上，满纸公式，术语连珠，而事实上根本没有可能。那时是就科学谈科学，尚且如此，现在用科学来谈文艺、谈美学、谈社会学和哲学，我们对之岂可不慎之又慎？

这种情况，并不能引起我们对科学本身的怀疑，在人类前进的道路上，科学毕竟是可以信赖的工具。问题是我们在使用这种工具时，不要忘记了自己所走的道路和所要追求的目标。换言之，科学精神之所以有价值，就因为它始终贯彻着人文精神的缘故。正因为如此，我们才有可能把科学（包括自然科学和社会科学）研究的成果应用于人文学科（哲学、美学、教育学等等）。熵定律之应用于美学，也由于同样的启示。

五

使科学精神与人文精神相统一，是当代美学面临的重要课题。

从前的"科学"曾经是传统哲学的奴仆,致力于根据先天的理性整理后天经验得到的知识。作为世界观和方法论的现当代哲学的迅速崛起,又大有把哲学变为科学的概括的趋势。另一方面不甘心放弃其统治地位的传统哲学,也力求保持其对科学的控制,所以在理论研究的领域努力缩小科学发现的应用范围。甚至把一切与它所宣布的原理原则相抵触的科学结论斥之为荒谬。熵定律应用范围的受到限制,不过是这一"冲突"的局部表现而已,它在全世界普遍存在。杰里米·里夫金和特·德·霍德华合著的《熵——一种新的世界观》一书就曾指出,迄今为止国外学术界力图缩小熵定律应用范围者还大有人在:"一些顽固不化的人,拒绝承认熵定律将是物质世界的最终定律,他们坚持说熵的过程只适用于有限场合,他们说它推而广之应用到整个社会,那只是在作个比喻。"正是这样,在该文中,熵定律的应用范围被缩小到了仅仅适用于实验操作,因为一切与生命有关的系统、与人有关的系统,包括社会系统、性格系统、文艺系统等等都被作为非孤立系统而从熵定律的应用范围中排除出去了。这种东、西方文化中共同的现象,除了说明传统的哲学观念与习惯势力的普遍性与顽强性,又能说明什么呢?

事实上科学并不是哲学的对立物。不仅作为世界观和方法论,也作为整体思维理论形式的科学与哲学,其各别提供的每一种可供选择的发展途径都无不是各种社会文化共同参与和作用的结果。特别是自本世纪中叶以来,科学的社会性、整体性和实践性愈来愈明显,强烈地显示出它所固有所暗含的人文精神,从而突出了人的主体性和创造性。在经历了19世纪百科纷呈,反对绝对理性的湍流之后,当代科学大大加强了它早已开始的综合、交叉的一体化重组进程。这是人类文明结构发生大变化、大更迭的前兆。在这个总趋势的下面,根本谈不上什么美学、文艺学"引进自然科学横断科学",而是作为世界观、方法论和整体思维理论形式的科学必然要进入人文学科,而美学、文艺学所固有的人文精神必然要同科学相结合的问题。

关于熵定律是否具有普遍意义的争论,关于美学和文艺学是否可以应用熵定律的争论,作为科学精神应否和如何与人文精神相结合的问题的一个例证,具有重大的意义,值得深入进行下去。迄今为止我们还没有就此展开深入探讨。这也是我们对许多批评意见都没有答复,而唯独重视和答复这个问题的理由。

科学精神与人文精神趋于同一的过程早就开始了,只是各种具体情况使我们更多地注意它们之间的差异而较少注意它们之间的统一机制而已。该文多次引用普列高津、哈肯、贝塔朗菲等人,好像经典热力学与非平衡相变理论是相互对立的、不相容的。其实,耗散结构理论、协同学、非平衡相变理论正是从特定领域肯定了经典热力学的普遍意义。可以说,科学一直在试图寻找一条解决偶然性、必然性、确定论、概率论等哲学范畴方法论革命的道路。热力学的内容也正是指向这一目标的(正是在这里可以看到它暗含的人文精神)。如果说它的第一定律打破了各种运动形式之间的绝对界限,第二定律则非常深刻地揭示了亚宏观低速运动的偶然性本质,提出了物理过程的方向性和统计性问题,与进化论一同用变异、自然选择的随机性,初步描述了这个偶然性宇宙。量子力学突破性地将这一活动推上了顶峰,并终于决定性地结束了决定论时代。

20世纪60年代以来协同学、耗散结构理论、非平衡相变理论对远离平衡态系统的结构、行为、归宿的研究，仍然是在经典热力学尤其是第二定律的涵盖下进行的；这些研究活动同样具有解决偶然性、必然性、随机性、决定论、概率论等问题的含义。现在已经知道，经过突变，远离平衡的系统可能进入具有一定时空结构的状态（有序态）；也可能进入具有内在随机性的混沌态。而后者是具有无穷内部结构、比"有序"更加高级的大结构。对通向混沌道路的研究现在已深入到把它与湍流发生机制相联系，并推向了对发达湍流的探索。所有这些新的努力都急于为远离平衡系统寻找归宿，正好说明了熵定律具有普遍意义。以至于现在一种哲学、一种美学、一种文艺学是否有勇气、有能力和在何种程度上接受并应用这一定律，已经成为它生命力强弱的标志。

我们看到在同一人文精神的统率下，美学与科学有其内在的同一性。这种同一首先是骨气精神的同一，语词概念的交叉替换和通用不过是它的一个表征。把语词概念孤立起来讨论，大谈几个概念的科学意义，并把这些概念及其语法逻辑仅仅归结为一种形而上的知识，避而不谈这些概念本身所具有的方法论意义，避而不谈我国文艺学、美学与自然科学、横断科学相结合的现实意义，即它对于原先陈旧保守、僵化单一的文艺思想和美学观点的冲击,以及它对于新视野、新道路的开拓,这样的讨论是没有任何价值的。为要使讨论能够深入下去并获得有价值的成果,我们需要的是科学精神与人文精神的同一。

六

但是现在我们所进行的争论,并不是我们需要科学精神还是人文精神的争论。如果一面以科学的名义发言,一面却无视科学研究的基本要求而表现出一种非科学的主观任意性,那就不好了。这个矛盾绝不是由于技术上的疏忽,而是根源于它所从之而来的传统哲学的更为深刻的内在矛盾:文艺学和美学中的反映论,作为哲学反映论的一种应用,与科学文化应该是一致的。它所要求的认识性、客体性、客观性、描述性、还原性、精确性都同自然科学相一致。在这种情况下它本应主张"引进"自然科学语言,直至用数学手段揭示它所谓的"美的规律"。但是不,它由于所坚持的是一种只能如此而不能如彼的反映,一种理性地给定了的唯一的一种"反映",仍然是先验的规范和律令,是铸造事物的模式而不是事物本身,它又必然同科学文化不相容。从而不得不反对文艺学、美学

"引进"自然科学、横断科学的语言,而在二者之间筑上不可逾越的高墙。这是一面。另一方面,作为一种人文文化,它又不肯承认自己的人文精神,而坚持反对表现性、主体性、主观性、价值论、非还原性、能动性和随机性,而把文学、艺术与美学通通归结为被动地、单向地认识世界,认识"客观规律"的手段,从而不得不以科学的名义发言,宣称从属于科学文化的范畴。所有这些都集中地表现出当代反映论美学的内在矛盾。

20世纪80年代初我之所以提倡哲学(包括美学)、社会科学(包括文艺学)与自然科学相结合,最初的冲动不过是要改变一下长期以来我们理论界思想僵化、概念陈旧、语词贫乏,不足以理解当时现实生活中和文学、艺术领域正在萌动起来的无限生机,因而沉闷停滞、死气沉沉的局面。其目的仍然是美学的和文艺的,而不是自然科学的。

正因为如此,我所说的美学与自然科学相结合,远不同于例如托马斯·门罗所说的美学"走向"科学。这其间的根本区别,就在于我们强调人文精神的统率,而托马斯·门罗不是。

不论是自然科学,还是社会科学和哲学,其发明创造者和研究应用者都是人。不论观测手段如何可以影响观测结果,人和自然现象(例如物理现象和化学现象)之间毕竟有一个距离。研究者没有必要介入自己的研究对象,他总是置身在他的研究对象之外对之进行研究。而社会现象(例如政治现象和经济现象)则本身就是人的活动结果或活动过程,研究者不可能置身在他所研究的对象之外。他本身就是"对象"的有机组成部分,是"对象"自身。不论一个社会科学家如何标榜自己的客观性,他不能不受其对象的影响、制约并起作用于对象。当他的研究工作超越调查统计材料而上升到理论时,他实际上已经是在改造对象。不论其实际效果如何,理论所带来的新的或然性从它诞生的时候起就有可能转化为现实性。

何况美学不仅仅是社会科学。美学,作为哲学的内隐框架,除了研究美,描述美,还要能形成美的规范,创立美的原则,其活动具有极为深刻强烈的评价性和批判性,不断唤起人们新的自我意识和激活人们新的进步动力。正是在这一点上,美学研究和审美活动,和艺术创作活动可以有许多相似之处,远不仅仅是满足于认识、描述和理解。

如果说,社会的一般规律作为社会科学研究的对象，对于作为个人的社会科学家来说是客观存在的话，那么审美现象和文艺现象对于美学来说就不那么容易客观化。因为它（审美心理和文艺心理，即作为美学研究中心的美感经验）作为无数活生生的、特殊的、不可重复的现象，基本上是属于个人的（其社会部分即历史积淀所形成的理性结构部分不是它生命力的基质）。这就要求研究者用生命来把握生命，用情感来体验情感。如果不是这样，而是用符号化、图式化的语言和定量分析的方法来研究美，那无非是使活生生的心灵屈服于现代技术的肢解性处理，这，比之于经院哲学和反映论美学用冰冷刚硬的逻辑来规范人类热情，其暴戾、钳制的程度可说是不相上下。在这一点上，那些充满公式、定理图表和深奥莫测的新名词、新概念的文章和充满陈词滥调的文章可说是异曲同工。

七

只有思想方法的改变，才是根本的改变。但是任何思想方法、任何行为模式，以及任何科学技术，都不是外在于思想、行为过程的，我们应当与之符合，而它们是通过我们来实现的独立实体。在这一点上艺术和科学是一样的。某些因"故作现代"而充满语病无法读懂的诗歌小说之所以是一场文字的灾难,就因为它把"现代"当作外在模式去追求,而缺乏内在的感性动力之故。科学也不例外,一旦公式、定律、术语概念成了外在模式,其所谓"成果"就会把人引入歧途。前文提到的在"大跃进"中论证亩产可十万斤的"科学"论文就是一个例子。

科学精神从属于人文精神绝不是科学的转变,而是科学上升到更高的层次,没有这个人文精神的统率,"各门科学"是不会变成"一门科学"的。所谓"往后的""一门科学",并不是一个懂得它就可以懂得一切的东西,根本不会有那种东西。"往后的""一门科学"中将仍然存在着不同的研究领域,和它们在不同层次上不同的研究对象。不过对这些不同领域不同对象的研究,将由于人文精神的统率而互相沟通,互相渗透,互相利用研究成果和借鉴研究方法,其中包括概念工具的互相"引进"通同使用,共同为解决人类所面临的总课题而各自努力而已。

美学研究的领域主要是人类精神(包括其对象)的领域。精神现象,特别是审美现象和文学艺术现象,不能像物理现象或者化学现象那样进行定量分析。但是由于审美事实和文学、艺术作品总是包含着时代、文化、阶级和种族的种种无法取消和可以理解的客观差距，其个人的特殊性和独创性总是在具有这些差距的前提条件下，以些许差距作为媒介手段才得以产生和表现出来，所以对它们的研究、评价和陈述仍然需要一种特殊的，即不是数理逻辑的表述方式所谋求的精确性。教条主义的传统美学正因为忽略了这一点才强烈地使我们感到需要科学精神的补充。但是，输血不等于换人。美学如果不意识到自己的人文精神，不把科学文化看作是人类为了战胜强大的熵增，寻找最佳存在方式而搜索前进道路的补充手段，而是亦步亦趋地跟从科学后面认识这个认识那个，那就不是人使用科学而是人被科学所使用。就像有一条现成的道路使他要在上面走来走去，走并不是使用道路而是被道路所使用，从而忘了自己所要去的方向。在这种情况下，各种各样的美学争论变成了一些用已知的东西来批评另一些已知的东西，用认可一些外在的原理原则来代替认可另一些外在的原理原则。这样，不同美学观点的分歧与争论，就变成了外在原理原则之间的，甚至对于同一的外在原理原则的不同理解之间的纷扰，而不是我们自身精神力量的较量，不是我们自身存在方式的竞争。在身外的纷扰中迷失自身，这才是最大的失败、最大的迷误，是一切研究者首先需要避免的东西。

正如在现实生活中，金钱崇拜和权力崇拜可以使人失掉自我，在学术研究的领域，语义、概念和方法的规范，也可以使人客体化、手段化、结构化、非心理化和操作化。所谓美学"走向科学"，如果不是为了强化美学的探索功能，而是为了在实证主义、结构主义、行为主义、操作主义、语义学派等等之外，再在人类精神力量薄弱的环节堆放起另一些沉重的框架，那么这样的"走向"必然会导致美学自身的迷失。我们时刻不要忘记，科学本身需要一种人文精神的引导，否则科学技术作为造福人类的手段也有可能危害人类。纯技术观点所造成的技术异化——环境污染、能源枯竭、生态平衡严重破坏等等，已经引起了全世界的忧虑。其实精神世界的技术异化也应当同样引起我们的注意。何况这二者常常是互相关联的，在这个科学技术迅速发展，美学必然地要与科学相结合的时代，强调地提出这一点就更加必要了。

美学的任务不是要构筑与世隔绝的象牙之塔，而是要通过积极的精神建设，推动历史的发展，影响社会的进步。我们认识规律，是为了按照我们的需要改变它，或驾驭顺应它来实现自己的目的。也只有通过改变或驾驭它的实践，才使得我们的认识真有意义。

客观规律应当"认识"、应当尊重，这是一方面。另一方面，规律也不是绝对不可改变的。假如人类在掌握了世界发展的客观规律以后不能改变世界，那么认识世界、认识客观规律也就没有意义了。改变世界包括形成新的规律（例如用弓箭来进行的战争与用导弹来进行的战争，战争规律就不相同）。与感性相统一的理性，不仅包括认识结构和知识结构等这些"客观世界的反映"，也包括理想、感情、价值观念、行动意志和改造世界的能力等这些现实地起客观作用的主观精神。并且只有后者及其作用后果，才是我们本体生命存在的确证。

人类的感性生命之所以不同于其他动物的感性生命，之所以比其他动物的感性生命更强，就因为它有理性这一功能而更善于探索，能导致有益结果的行动方向。这就是所谓规律性和目的性的统一。人类不仅认识和利用规律，人类的行动也参与形成规律，在这个意义上"规律"既可以是客观的，也可以不完全是客观的。由于我们一般把所有规律都看成某种纯客观的、外在于我们、不以我们的意志为转移的力量，有时我觉得，由无数所谓"规律"形成的知识结构，会变成一面捕捉我们的网，以致在这个网中循规蹈矩的我们，似乎并不比在意识形态的僵死模式里生活得更为自由。在这个网中，我们似乎丧失了逻辑实证的能力以外的所有其他生命力。在这个意义上，理性崇拜、规律崇拜，也同传统文化崇拜一样，是一种生命力的衰萎。

美学界争论"什么是美的规律"争论了很多年，为什么不可以设想规律的根源包含在我自己生命之中，我们不但可以符合美的"规律"，也可以创造美的所谓"规律"呢？认识和创造，都在人类自我更新自我超越的过程中得到能动的和动态的整合。但是什么是更新？什么是超越？什么样的自我更新和自我超越才不是自我的丧失？这些都是只有以当前现实为参照系才有可能回答的问题。立足于现实，立足于此时此地经历着的人生，立足于此时此地的许多现实条件及其总和，不仅用脑子，而且用全身心来进行思考，我们才有可能把握我们的研究对象——美，并使之成为引导我们走向未来的内在动力。苟能如此，我们的研究工作才有意义和价值。若能如此，我们为此而付出的劳动、付出的时间和精力，才算不是浪费生命，才不会把当前理论领域和美学研究领域争取社会进步和祖国现代化的艰苦努力，弄成一场没有用处、意义不明的纯学术争论。

科学的是非绝不是文艺家们裁判得了的，我们现在在文学刊物上讨论自然科学问题，不是摆摊设点吃文化饭，更不是到游泳池里去赛跑。讨论的目的，即使在最直接的意义上也还是为了通过发展美学促进我们人自身的现代化，从而促进我们国家的现代化。把自然科学概念引进美学研究，也是为了同一个目的。历史的处境使得我们不得不竭尽全力去争取进步。因为要进步，所以我们都站不住脚。你说我们的观点都站不住脚，这一点确是说对了。所以我们都要走。我看你们的观点，如上所述，也站不住脚，所以我劝你也走动走动吧！尽管我们所走的路不尽相同，但只要向前走，总归有利于祖国的改革和进步。这也算是一种"多样统一"吧？

（本文首发于1988年第1期《文学评论》，原文有副标题"对批评的答复"。收入东大图书公司的繁体版时，我删去副标题并做了部分增订。）

人道主义与艺术形式

刘迅先生要我来谈谈人道主义与艺术形式的关系问题。我很高兴有这个机会,来向大家请教。这次是路过北京,行色匆匆,没有准备,只能拉杂谈谈,交换交换意见。谈错了的,请大家给我指出来,我们再讨论。人道主义问题,现在成了一个很敏感的问题。有些朋友劝我回避这个问题,但是我想,还是谈一谈吧。第一是大家感兴趣,第二是这个问题并没有解决,第三是我也有些想法,想征求征求意见。

什么是人道主义?什么是艺术?现在都有争议。这些争议,一部分是由于看法不同,一部分是由于概念不明确。目前哲学界和文艺界正在讨论马克思主义是不是人道主义。有人说是,有人说不是,有人则强调人道主义是和马克思主义截然对立的反动思想。但他们所使用的人道主义概念,往往并不相同。所以双方的辩难,针锋并没有相对,而是各说各话。

狭义的人道主义概念,是对所谓文艺复兴精神的概括。这种精神,表现形式很多。在文艺复兴时期,主要表现为与宗教相抗衡的世俗思潮。而在启蒙时期则表现为:或者是理性哲学(例如在德国);或者是政治热情(例如在法国);或者是产业革命(例如在英国)。不论表现为什么,其共同特征都是把人放在优先的地位。产业革命的目的是为了解放生产力,即解放人。虽然它曾导致大批工人失业和破坏机器运动,但那是异化的结果,是暂时的否定环节,就其全过程的性质来说,它的人道主义性质是明确的。

广义的人道主义并不专指文艺复兴精神,而是通指古往今来这样一些思想和努力的总和,这些思想和努力在不同的社会历史条件下有不同的具体内容,但都把人放在优先地位,把人作为最高的价值和终极目的,以人为万物的尺度。一切从人出发而又为了人:在实践上肯定人的本质,维护人的尊严和自由,谋求人的解放和人的全面发展;在理论上则把人的解放程度,即人的本质的实现程度,作为衡量一切文明、文化，包括一切政治经济制度进步程度的标志。

所谓主义，是某种优先地位的表示。例如，"个人主义"表明把个人放在优先地位；"资本主义"表明把资本放在优先地位；"社会主义"表明把社会放在优先地位。所谓"人道主义"，则把人放在优先地位，尊重人，信任人，关心人，以人为出发点和目的。凡是从这一基本宗旨出发的一切学派、思潮或意识形态，不论它是否以人道主义的名义发言，都属于广义的人道主义。

广义的人道主义根源于人的自我意识，根源于一定历史社会条件下人与人，个人与人类、与整个社会必然会发生的矛盾。由于发生了这样的矛盾，例如，由于分工、私有制和阶级的划分破坏了人类原始的统一，使得人与人不能再在同一秩序中作为享有同等权利和义务的人互相交往，而是作为主人和奴隶、剥削者和被剥削者、统治者和被统治者互相交往时，人们就开始思考人和世界的关系，和他人、和社会、和人类的关系，并对人的本质规定性、人在世界上的地位和作用，以及个人和人类生活的终极目的及其基本意义提出疑问。矛盾愈是尖锐，生活愈是荒谬，疑问也就愈是深刻。一切形式的人道主义，都是在这种疑问的基础上产生的。它们的共同特征,是强调人的价值和尊严,强调人是最高的目的,强调人应当像人一样地生活,应当被作为人来对待。

从历史上来看,人道主义思潮的每次高涨,都发生在矛盾激化、原有的社会基础开始动摇的时候。例如基督教、佛教和儒家的人道主义,都是在奴隶制度走向崩溃的道路上出现的;人文主义者和启蒙思想家们的人道主义,先后发生在封建制度逐渐瓦解的过程中;空想社会主义者的人道主义和马克思主义的人道主义,则出现在资本主义矛盾日益尖锐化和表面化的趋势下面。这不是偶然的。人们很少热心地谈论不言而喻的东西。但不言而喻的东西愈是得不到承认,它便被思考和谈论得愈多。正是这些不言而喻的共同的东西,使得世界上各种文化都有一个意义相似的内核。尽管它们在不同的历史背景下各自表现为不同的形式。例如,虽然奴隶、农奴、无产者所戴的枷锁不同,但是他们要求挣脱枷锁的愿望则是相同的。

以前的人道主义思想,缺乏科学的根据和现实的手段,仅仅是一种抽象的伦理规范,一种个人的良好愿望。那种种人道主义在历史上从来不曾真正实现过。席勒在他的剧本《唐·卡洛斯》中正确地指出,个人的人道主义必然会被那个让宗教裁判所长握有最后决定权的社会制度所毁灭,这是一切个人的和抽象人道主义的历史命运。

人道主义强调人是创造世界的主体,是历史进步的动力,因此也是最高的目的和最高的价值,不应当为任何非人的东西(如抽象的伦理道德规范、"虚幻的实体"等等)而牺牲。人之所以软弱无力是因为强制性分工、私有制和阶级的划分,使得人类由于内部的斗争而分裂了。这种斗争的结构和格局使得人的创造力消耗在彼此之间的斗争中,从而使得世界和历史对于各个个人来说成为一种客观的异己的力量,反过来压迫和驾驭人。这种客观的、异己的力量实际上是无数人的活动及其结果的总和,所以它仍然是人本身的力量,为要使这种客观的力量复归于人自身,就必须实现人的个体和整体的统一,实现人所特有的创造力的全面发展。这种能力的发挥可以使人达到完善。同时人的能力又随着历史的进步不断更新,使人类的物质和精神生活达到更高的境界。

从个体和整体的统一之中,我们看到了人道主义世界的一种内在的秩序,或者说一种外在的形式——和谐。强调个体和整体的统一,并不等于把个体消溶在整体之中，不承认个性，不承认每个人都有独特的自主价值。恰恰相反，只有在尊重各个个人的自我存在的基础上，才有可能实现个体和整体的统一。"声一无听，物一无文"，部分的总和不是整体，无人格的集体主义是人的否定，只能消灭人的创造力，把人变成由外力操纵的机器，把社会变成在停滞中腐坏的一潭死水。但是另一方面，如果以个体为本位，用个体来否定整体，就会使社会瓦解，陷于暴力、犯罪和无政府状态，从而导致无数个体的毁灭。在这二者之间求得平衡，是人道主义永恒的课题。

一方面强调个人等于非人，强调人的本质是一切社会关系的总和，反对用个体来否定整体；同时另一方面，又强调应当避免把社会当作抽象固定下来和个人相对立，反对用整体来否定个体。把人的个体和整体的统一看作是人的存在和本质的统一，看作是社会和自然的完成了的本质统一。整体同个体不是对立的，整体并不排斥个体，整体是由个体构成的实体，个体并不消失在整体中，个体是构成整体的实体。个体和整体的分裂是异化现象，随着异化的积极扬弃，个体与整体将在自由的基础上重新统一，这种重新统一是人的"自我复归"。所谓在自由的基础上实现个体和整体的统一,也就是建立在变化、差异和多样性的基础上的统一。没有变化、差异和多样性,也就谈不上统一。两粒黄豆,或者两只蚂蚁之间,是只有同一而没有统一的。同一就是静止,静止就是死寂,死寂就是没有变化和发展。变化就是发展,差异和多样性是变化发展的标志。我们常说生命在于运动。所谓运动,也就是变化、差异和多样性。一切生物都追求变化、差异和多样性,以适应严酷多变的自然环境。人类也不例外。所以追求变化、差异和多样性是人类的本性。人类在其独特的发展中形成的巨大变化、差异和多样性,使得人类在地球上生存下去的机会,比任何动物要多得无可比拟。人类作为生物所取得的成就,可以说也就是他们在追求变化、差异和多样性方面所取得的成就。从归根结底的意义上说,人类在精神文化领域和物质生产领域的一切创造发明,都无非也就是这个成就的证明。

人类通过自己的创造发明,不仅改变了外间世界,也改变了自己的本性。通过不断创造世界而不断创造自身是人的类的特征。动物和动物是相同的,它们活动的动力都来自先天遗传的本能,来自数亿年中大自然对生物体质构造和功能一直进行着的演变试验的结果。作为动物，人类也不例外。所有的人在生理上都很相似，例如就消化器官或者呼吸系统的构造和功能来说，不但人与人相同，而且人同其他灵长类动物十分相似。这些没有差别的方面也就是人的动物方面即自然方面。人的心肺和肠胃是忠于它们的使命的，它们的活动有其明确的目的性，但它们并不意识到这一点。我们把这种无意识的活动，看作是一种动物性的活动。作为动物，人与人是完全相同的，甚至成吉思汗和泰戈尔那样完全不同的人，从生理上来说，都没有什么重大区别。

但是人作为人则是各不相同的，即使同一民族、同一阶级、同一职业的各个个人也都各不相同。因为人的行为不仅来自先天的自然本能，也来自他们自己所创造的社会。不仅不同的社会历史条件、不同的文明背景，而且不同的经历和体验都使人各不相同。正如不同的自然条件使动物各不相同。所谓人类的文化和文明，实际上只能概括这不同的部分。如果说原始的本能也都可以纳入"文化""文明"等等范畴的话，那么这些范畴就没有任何意义了。一个民族的文化只有具有不同于别的民族的特色才成其为民族文化，我们也只有承认一个民族的文化有保持其特点的权利，才能对整个人类文化的价值有全面的认识。同样地，推导到个人，他的特点，他与他人的差异之处，正是他之所以为他的证明，我们只有承认他有保持其特点的权利，才有可能对人的类生活的丰富性，以及在多样中求得统一的价值，有充分的认识。

差异不能离开统一。个人生活的丰富性不能离开类生活的共同性。否则个人的生命就没有意义，没有寄托，感到空虚乏味，由于不能从事任何有价值的活动而白白地消耗了。一切文化和文明的价值，首先就在于它把人们联系起来。语言、意识、哲学、宗教、艺术、道德、风俗习惯等等，同科学、工业技术等等一样，都是人类的创造物，都是不同于那些不用努力就可以得到的天然遗产（身体、本能）的，不仅能保存、能增加，也能失去的遗产。但它们的价值仍然不同于科学、技术、工业等等，它们不是工具或消费品。它们之中的大部分，只是为了满足个体与整体联系的需要并作为联系形式而存在的。如果个体与整体的联系不是人类的基本需要，文化和文明的大部分恐怕都不会存在。

知识的丰富不等于心灵的丰富。正如地位的崇高不等于人格的崇高。以数据为出发点的智力的外在形式，不等于精神生活的完满与充实。30年代为纳粹德国做出贡献的科学家们，并不全部是受骗上当的角色。他们在科技领域获得的高度成就不能掩盖他们思想感情的贫乏与空虚。

什么叫充实与丰满？什么叫贫乏与空虚？所谓充实与丰满就是个体与整体相统一。个人的生活、个人的事业，只有作为族类整体生活和事业的有机组成部分时才是有意义的。个体存在是整体存在的环节，个人总是要死的、暂时的，如果他只为自己活着，生活就会显得空虚、没有意义，不可理解。所以不论是否意识到，几乎所有的个人都总是在本能地寻找着与别人同情的道路。所谓同情，通常理解为怜惜。但它还有另一个意思，就是我的思想感情与你的思想感情相同。当社会结构和与之相应的理性结构使人与人互相隔离和疏远的时候，人们就会感到孤独和生活没有意义，这种感觉愈是强烈，人们就愈是本能地追求同情。把思想和感情表现出来，诉诸别人的心灵的活动，也就是追求同情的活动。这样的活动是一种满足个体与整体相联系这一人类的基本需要的行为。科学发明和技术创造并不是这样的行为，只有哲学研究和艺术创作还有宗教活动才是这样的行为。所以人类除了科学、技术等等以外，还需要哲学、艺术、宗教等等。

艺术是一种特殊的人类行为。它是人类思想感情的表现。思想感情及其表现都是行为，是寻求同情的行为。理解这一点，是我们理解艺术的关键。我们必须强调指出，表现不仅是表现，它同时也是一种行动。更彻底地说，思想也不仅是思想，思想也是行动。思想这个词不是名词，不是指某种精神的实体，而是动词，是指一种既有知觉又有愿望能力的活动。正因为如此，它在运行中由于阻力和阻力的克服又可以表现为情感。艺术作为思想情感的表现，也是人类行为的一种特殊方式。人类行为的特征是自由而有意识的创造，艺术是这种创造活动的特殊方式。所以它力求变化、差异和多样性。它力求在单调和平庸中创造出新鲜和神奇。它是作为单调和平庸——即固有现实的一种超越，而成为人们的一种行为的。这种行为不仅满足超越的需要，也满足联系即同情的需要。超越（追求变化、差异和多样性）和同情（追求联系与统一），是艺术心脏得以搏动的动、静两脉。这一点规定了艺术的人道主义本质。

正如一个民族的文化是以其民族特点为世界文

化做出贡献的，个人的艺术创作，也是以其独特的感受及其表现性形式，为丰富和发展人类的精神文明做出贡献的。因为有差异，所以才需要统一。因为有多样性，所以才需要同情。所以艺术创作，就其使命来说，也就是要在变化、差异和多样性的基础上，即自由的基础上实现人类的统一。而这一项任务，也就是人道主义的任务。

和自由相对立的是异化；和变化、差异和多样性相对立的是单调、死板和平庸。而这些同时也是艺术的死敌。单调、死板和平庸也是一种力，一种使人孤立的、使人隔离的力，这种力植根于人类的动物性之中。这种动物性表现为保守性。每一代人都安然于养育他们的环境。因为他们的思想和生活本身都是这个既成环境的产物。"存在决定意识"，被决定的意识是很难突破存在的，它把那些它们由之而产生的、显而易见和习以为常的东西看作是理所当然的东西，看作是自己生活的保证，而不知道那就是束缚自己的罗网。这样一来因循守旧就成了人们的另一种特性，而和他们追求创造，即追求变化、差异和多样性的特性相对立。我们可以把这两种特性的对立，看作是动物性和人性的对立、盲目性和自觉性的对立、异化与自由的对立——所谓异化，不也就是人所创造的事物反过来束缚人的创造力吗？

人是一种自我创造的类。所以，人的类的特性，是自由而有意识的创造。异化是这个特性的自我否定。艺术作为这种特性肯定是同异化相对立的，所以它本质上是人道主义的。如果我们把艺术看作行动，而不仅仅是行动的结果，这一点就不难理解了。

艺术作为行动，根源于人类通过忧患意识表现出来的感性动力；根源于超越既成现实这一人的类的需要，它作为寻求同情的行动同时也是一种超越行动。从古以来，人们一直通过艺术，向残酷的命运挑战；攻击或者逃避敌对的现实；回顾以往和展望未来；进行各种各样的假设；经历各种不曾经历过的生活；呼求同情和寻找联系……这一切都是行动，艺术是行动的过程，而不是媒介物，是做事情的方法，而不是事情的结果。所以在艺术中，有一股运行着的生命力，当它同欣赏者的生命力合而为一的时候，欣赏者就进入了欣赏境界。所以欣赏，也是欣赏者的行动，欣赏者的生命力的运行。所以不仅创作，而且欣赏活动即审美活动，也是人类行动的一种方式。

西方有些美学家，把艺术解释为白日梦。由于这种观点从创作中排除了有意识的活动，我并不完全同意。但艺术里毕竟有梦的成分。如果除掉了梦，恐怕也就既不会有艺术，也不会有宗教、信仰、理想、愿望等等了。童话、寓言、象征的森林……这些梦的幻影，都是人类伸向未来世界的触须。原始人不能分清梦境与现实，所以他们的历史就是神话与诗。神话与诗是古代生活忧患与苦难的记录：充满着战争和掠夺，后来还加上压迫和剥削。人们饥寒交迫，生活没有保障，尊严得不到承认，精神生活在现实中找不到出路，便转入到梦幻世界。几乎所有的古代民族：中国人和印度人、希腊人和罗马人、犹太人和埃及人、波斯人和巴比伦人，都有自己的诗歌和神话。这些诗歌和神话，无不充满着浓烈的悲剧色彩，表现出一种深沉的忧患意识和执着的追求精神；表现出一种美好的理想和严峻的现实之间悲剧性的冲突；表现出一种对神、鬼、妖、魔的憎恨、反叛和对人的同情与热爱；表现出一种在奴役屈辱与苦难之中对于自由、正义、人的尊严和生活乐趣的向往。它们不仅是梦幻，也是现实的行为。如果没有这些和人类其他创造行为密切关联的行为，则其他创造也不会实现。因为，比方说人在建设实际的房屋以前，早在观念里把它造出来了，这是人的活动不同于任何其他动物的活动的特点。

这些诗歌和神话，是最早的艺术，也是最早的人道主义。人道主义首先是在艺术中表现出来的，它一开始就与艺术结下了不解之缘。这不是偶然的。因为人道主义，这是艺术的灵魂。历史上所有传世不朽的伟大文学艺术作品，都是人道主义的作品，都是以其人道主义的力量，即同情的力量来震撼人心的。这方面的具体例证和具体分析，已经有很多人做过了。所有这些分析，都是从内容上来分析的。例如说鲁本斯的画就像薄伽丘的小说，是对清教徒式的禁欲主义的挑战，是对神圣的彼岸世界的否定和对世俗的此岸世界的肯定……如此等等。这些都是很明白的道理，今天我们就不讲了。今天主要从形式方面来谈。艺术之所以是艺术，就因为它内容和形式不可分割。我们甚至可以说，艺术的形式就是它的内容，正像康德所曾经指出的那样。康德关于"内容的形式存在于形式的内容之中"所说的一切，乍听起来似乎有些奇怪，但却包含着非常深刻的真理。事实上，我们已经看到，那些表面上看起来没有内容的作品，可以由于其独特的形式而具有某种人道主义的内容，并由此而获得它的独特的艺术性。江青、姚文元之流强调无标题音乐和山水花鸟画之类没有社会内容的艺术作品的"反动性",固然有其政治目的,但从纯理论的角度来说,这一点他们是对的。他们所说的"反动性",也就是我们所说的进步性。语义不同,所指则一。山水花鸟画和无标题音乐,要么不美,即不是艺术,要么都有一种美的力量,能唤醒人们的主体意识,即他们的内在活力,使他们意识到自己的人的价值和非人的处境,并起来与之斗争,突破异化的束缚而实现个体与整体的统一,而在统一中和整体一同前进。而这,也就是我们所说的进步性和林彪、江青一伙所说的反动性。大家记得,"文化大革命"中他们在《人民日报》上发表了一篇文章,题目叫"为什么审美的鼻子伸向了德彪西?"猛烈批判无标题音乐,那些毫无内容的形式使他们如此不安不是偶然的。

美这个东西,我们很难说它是内容还是形式。研究美,实际上也就是研究人。所以我常说美学是人学。在社会中,美与丑的对立就是自由与异化的对立。美作为人的本质的肯定,同时也就是异化的否定。异化作为人的本质的否定也就是美的否定。美与异化的对立,也就规定了艺术的人道主义本质。

美是艺术的第一个规定性。任何事物，它首先必须是美的，然后才有可能是艺术，艺术创作活动作为创造美的活动，实际上也是肯定人的本质的活动，即追求自由的活动。追求自由也就是追求变化、差异和多样性，也就是从已有的、已知的和被认可的世界向着未有的、未知的、不被认可的和被拒绝的世界突进。这种突进过程，表现为力和阻力的斗争。力和阻力的斗争，形成一种动态结构，形成一种贯注着生气的有机整体，它呈现出变化、差异和多样性，又呈现出统一。它是多样性的统一，即在变化和差异中有统一。这种多样统一的形式，是美的形式，也是艺术的形式；是美的内容，又是艺术的内容。所以美与艺术，作为感性与理性的统一，也是形式与内容的统一。这是一种在感性的基础上，因而也是在形式的基础上实现人的类的统一。

在艺术中，内容必然要与形式相统一，理性必然要与感性相统一。否则艺术就会异化为宗教，或者宗教哲学；换言之，理性如果不和感性相统一，就会转化为非理性（宗教），转化为束缚人类思想的教条（意识形态）。所以，艺术为了保持其自身是艺术，就必须首先保持感性的人的动力，保持那种创造的自由，保持对于变化、差异和多样性的追求，并且通过这种追求，谋求实现人的个体和整体、存在和本质的统一。谋求在自由的基础上而不是在必然性和强制性的基础上实现人的类的统一。这种统一也就是运动，也就是进取，也就是发展，因为人作为人，唯有如此才能进步和发展。

所以艺术形式不是盛装内容的容器，不是一种可以把任何外在的理性结构容纳进来的语法逻辑，也不是可以传导任何信息的导体。《人生》这个电影，结婚的场面很热烈，有一种狂欢的气氛，但由于新娘不是嫁给她所爱的人，欢乐中又隐藏着深刻的悲哀，这不是用欢乐的形式来表现悲哀的内容，而是悲哀的一种强有力的表现形式。在这个意义上，艺术就是它所表现的事物本身。它和它的表现不可以相互疏远或分离（例如分为欢乐的形式和悲哀的内容）。在艺术中，所谓表现，同时也就是人的自我构成。所以艺术，作为人的本质的对象化，它必须是自由的、自为目的的。那种把外在的、凝固的意识形态当作内容的"艺术"不是艺术，那种把自身的形式当作外来信息传导物的"艺术"不是艺术，那种不是由于内在的需要（表现的需要）而是由于外在的需要（实用的需要)而"创作"的艺术不是艺术。历史上那些为执行政教宣传任务而制作的"艺术"(如《列女传》、"二十四孝图"、佛教经典中的变文和壁画中的经变故事等等),以及为迎合别人的趣味而制作的作品(如《三笑姻缘》《七侠五义》和大部分月份牌上的古装和时装的美人画之类)都不是艺术。总之举凡一切不是以主体的内在感性动力,而是以客体(受其指令或迎合其趣味的他人)的规定性为依据的"艺术"都不是艺术。

艺术是自由的创造,换言之艺术创造是自由的肯定。这是艺术的一个本质规定性。它和人道主义是一致的。所谓创造,就是人以自己的生命活动,提供世界上不曾有过的新的东西。这个东西的价值,首先就在于它的新。模仿和重复(不论是模仿自然还是模仿传统的笔墨技法)不是艺术的低能,而是一种非艺术的行为。有许多画家,传统国画的基本功很雄厚,笔墨技巧非常好,但是由于他不能创新,他对国画的发展不能做出自己的贡献,这样他在中国美术史上就没有地位。当然创作不是为了占地位,创作是走自己的道路,常常得不到社会的承认。历史上有许多艺术家,宁愿挨饿,宁愿被风雨所追逐,也不愿去迎合别人的意向和趣味，终生穷愁潦倒，才创造出不朽的伟大作品。所谓"才名塞天地，身世老风尘"，他们是牺牲了自己来从事艺术创作的。弥尔顿非创造《失乐园》不可；贝多芬非创作《第九交响曲》不可，这就像蚕非生产丝不可一样，这是他的本性的实际表现。除非不是艺术家，只要是艺术家，就会有所表现。有所表现就会有所创造。无所表现的作品，当然也谈不上创造，这样的作品不是艺术作品，不管名气多大，不管卖价多高，它在美术史上没有地位。这里所说的地位，也就是在美术史上的贡献。名气和画价可以靠宣传造势取得。作品真正的艺术价值，以及作者在美术史上的地位，却只有靠创造能力取得。

因为艺术是自由的创造，因为艺术创造是自由的肯定，所以艺术不会异化。因为异化了的"艺术"，就不是艺术了。艺术作为艺术，永远是一种自由的创造，它必须超越已有的东西才能成为这样的创造。异化束缚人，而艺术却解放人。而如果艺术不能创新，它就不能起解放的作用。我们常说，一个艺术家、一件艺术作品，都应当有自己的特色，有自己的新意。所谓特色和新意，也就是一种与众不同的东西，只有这个东西才是创造的确证。并非一切特色和新意都是好的，因为它们不过是伸向未知世界的触须。我们只有到了那个世界才能评价它们。而这种评价也就是扬弃。这种扬弃也就是进步。它们作为艺术家和欣赏者追求的目的，同时也是人类借以取得进步的工具。既是目的又是工具，既是内容又是形式，艺术的这种奇特的存在形态，在于它的人道主义本质。

没有个性、没有特色、没有新意的作品，也像单调刻板的生活一样使人感到沉闷和压抑。这样沉闷和压抑的心理是一种感性的批判，它要求自身的扬弃，也要求扬弃那它所从之而来的异化现实——单调刻板的生活和没有个性、没有特色、没有新意的作品。生活不论是多么富足，如果没有创造，就会感到空虚，感到厌烦无聊。作品不管多么优秀，如果千篇一律，就会感到单调，感到空洞乏味。我们看有些大画家的个人展览，常常感到失望，这并不是因为他们的作品不好，而是因为他们的作品都是一个味，单独看很不错，放在一起，就显出了空虚。假如一个画家不同时期的作品不能显示出一个发展过程的轨迹，那么这就是说这个画家已经停止创造，失掉了活力，而变成一架熟练老到的作画机器了。

艺术的创造，不像科学的创造，可以采取累进的形式，可以在前人成就的基础上继续提高。你不能说你既然已经通读过李白的全部诗篇，就可以在李白所达到的基础上提高一步，写得比李白更好；你不能说你既然已经看过八大山人的全部作品，就可以在八大山人所达到的基础上提高一步，画得比八大山人更好。你如果不能创造自己独特的风格，你就永远不能做出自己的贡献。甘当八大山人二世的画家是平庸的画家。艺术创造是不可重复的，学到几可乱真，也不能算是艺术。所以艺术价值，有某种永恒性。劳森伯用一个破纸箱当作雕塑是他的创造，如果你学着用一个破木箱当雕塑，就只能算是模仿了。大艺术家开了一扇门同时也就是关了一扇门，你不能再从这里走老路，你必须自己闯出自己的路。埃及墓画，中国彩陶、《诗经》，希腊、罗马雕塑，直到今天也没有失去光泽。所以一个艺术家最神圣的使命也就是创造。创造是人类自由的一种形式。它本身就是一种崇高的价值。艺术则赋予这种价值以一种永恒的形式。但只有新的形式才是这样的形式。这样的形式，万古常新。有人说"李杜诗篇万口传，至今已觉不新鲜"，也有可能，那是太多的仿制品麻痹了感觉。

所以一个画家的活力就在于创新。齐白石、毕加索这些人的画直到晚年还在变，这正是他们的伟大之处。现在有些画家，像周思聪、石虎，风格都在发生深刻的变化，这很好。可惜并不是所有的画家都这样。有的画家说黄永玉的画不是正规的国画，这没有好处。什么叫正规？难道先出现的东西就叫正规，后出现的东西就叫不正规吗？再说，难道正规就是好，不正规就是不好吗？其实黄胄的画、叶浅予的画，也不是"正规"的国画，而是宣纸上画的速写，难道黄胄的画就不能成立吗？但是黄胄有黄胄的问题，你把他画的马同徐悲鸿画的马比较一下，就可以看出，他缺乏一种表现性，或者说精神性，只不过是栩栩如生而已。刘继卣的猴子老虎、叶浅予的舞蹈人物，都有这个问题。不是说技巧不重要，而是说不能光从技巧着眼。技巧是表现的手段，如果无所表现，技巧就落空了。李苦禅先生的国画技巧很地道，很纯粹也很老到，同样也有这个问题。就像钱钟书先生写书，学问一大堆却没有一个人文诉求，弄成了一个炫耀记忆力的表演。这是我的感觉，也许是趣味问题，随便说说，显得很不厚道。为什么要说，因为传统的力量太大了，评论的口径太一致了，说些真实感觉，想引起一些思索。有不同意见，可以提出来讨论。

问：我们都知道什么是真正的国画，只要一眼望去，就可以把一幅水彩画家或者外国画家用毛笔宣纸画的水墨画，同真正的国画区别开来。我们不清楚是什么东西把它们区别开来，但我们认为这个区别是很重要的，丢不得的。丢了这个东西，就丢了国画最本质的东西了。没有这个东西，中国画和西洋画的区别就只在于工具和材料不同了。您说黄永玉的画是真正的国画，似乎不太妥当，因为它恰恰是少了那个东西。您说呢？

答：我个人较喜欢黄永玉的画，幽默中显出智慧。他也许过于哲理化和文学化了一点，但这又何妨？至于说到技法，他的画当然不是传统意义上的真正国画。传统意义上国画技法的本质，是笔墨的书法功夫。一切传统意义上的中国画都可以归本为书法。我想这就是把真正的国画同用水墨在宣纸上画的水彩画区别开来的东西。在黄永玉的许多画上，这一特征确实并不明显。有些画他是用排笔画、用水粉颜料画的。光影迷离，但不是传统的正规。我并没有说它是真正的国画，我只是说不要老是以传统为标准，不要老是指责人家不正规。我是说不正规未必不好，正规未必就好。当然不正规也未必就好,要具体分析。分析的根据,首先是我们自己的直观感觉。先相信自己的感觉,再参考知识、理论和别人的看法,这样才有前提,你说是不是?这个什么是国画的问题和国画技巧是否以传统成法为根据的问题,国画能不能创新、创新了还是不是国画的问题,将来肯定是会引起争论的。我是主张创新的,所以我喜欢林风眠、关良、黄永玉、周思聪、石虎等人的作品。我们需要集大成者,但是更需要创新者。承认前人的伟大,不等于说后人就应按前人的路子走。明清时期的师古主义,早就遭到了像石涛、八大那样一些伟大画家的反对。我们今天更应当注意避免。现在有人提出要反笔墨、反传统,听起来有些极端,有些刺耳,但传统笔墨、传统观念的力量太强大了,可以不必在乎这个极端和刺耳。如果反笔墨不是不要笔墨,反传统不是不要传统,而是说不受传统的束缚,不以师古为目的而以创新为目的。这样提法是可以的。问题不在于提法,而在于实质。我们这一代人所受的美术教育,一味强调素描基本功,不许自己摸索。不论契斯卡阔夫技巧多好,以之为法,不得超越,那就不好了。我那时是学生,提了点不同意见,系办公室就组织同学们对我不断进行"批评帮助",直到把我弄成一个孤零零的怪物才罢手。有的美术院校或系科直到现在还是那样,那怎么能行!传统中有许多积极开放的因素是要发扬的,例如说作画先要"立意",要"以意为主"而"不求形似",又如说"无法之法是为至法",这些都是充满现代精神的见解。许多讲传统的人,不恰恰是丢掉了这个传统吗?所以问题不在于传统不传统,而在于思想解放不解放。"反传统"是目前思想解放的一种形式,这种情况在诗歌的领域尤其明显。现在有人在批,批归批,这是一种艺术的觉醒、生命的跃动,与批判毫不相干。

问:您刚才说,艺术创作不能利用前人的成就,现在又说有些传统要发扬,这不是有矛盾吗?

答:这要看怎么理解。我说艺术创作不能利用前人的成就是说艺术领域中一个新的流派、一种新的创作方法,不可能从既成的原有的流派和创作方法之中产生,它们的起源是在传统之外而不在传统之中。一种传统、一个流派或者一种创作方法,只有在其形成过程中才是进步的。而在既成之后就必然具有保守性,必然排斥任何在自身内部发生的变异。所以一种创造，或者说一种变化、差异和多样性的产生，其根源必然在传统之外而不在传统之中。我常说艺术是从非艺术中产生的，同理，传统也是从非传统中产生的。传统而不变，艺术也就死了。艺术的生命在于变，变就是新，新就是创造，在这个意义上，创造就是反传统，不反传统怎么能够创造呢？所谓变，并不是单指变形而言，现在有人把变仅仅理解为变形，理解为"不求形似"，恐怕是不全面的。更深一层来讲，美的追求与人的解放是一致的，所谓变，首先是指思想的解放，即思想方法的变、感受方式的变，没有这个变，技巧也不会变。有人批评写实的绘画"像高级彩色照片"，好像它的缺点就在于像。这未必。不似未必欺世，太似也未必媚俗，关键在于要有新意，要开拓出新的境界。像罗中立的《父亲》《年关》，何多苓的《春风》《老墙》等等这些作品，还有艾轩的作品，都很写实，但是正因为如此，它表现出一种强烈的感性批判精神，一种对于现实的革命性超越，有很高的艺术价值。正因为如此，它是美的，是符合艺术的人道主义原则的。难道我们可以由于它的写实而责备它吗？难道我们可以把它的内容和形式分开来加以衡量吗？艺术不能只走单一的写实的道路。但写实的道路作为一条道路，也有它存在的权利。艺术成果不像科学成果那样只有在前人成果的否定中才能站住脚。爱因斯坦是牛顿的否定，但李白、杜甫不是陶渊明的否定。同理，变形也不是写实的否定。我特别喜欢何多苓和艾轩合作的《第三代》，它那巨大的历史含量和高度的现实感、使命感，就是通过写实手法实现的。

要求作品有新意，有独到之处，也就是要求作品有个性，要求作品有个性，也就要求尊重个性。这一艺术的要求也是人道主义的要求。打个也许不太恰当的比方：如果铅字也算艺术，那么我们对铅字的要求就不是人道的。铅字被当作工具；而书法则是目的。铅字不许有变化和差异，应当被消去个性；而书法则应当创造个性。艺术的本质是肯定创造，或者说是创造的肯定，所以它是人道的。仅仅由于铅字不是艺术，我们才没有权利否定地评价它，所以我们才没有必要强调它和书法的差别。铅字和书法是两类不同的和不相干的事物，所以强调它们之间的差别没有意义。但书法和铅字毫不相干这一事实，却可以用来很好地说明艺术的人道主义本质。不仅仅从内容上，而且是从形式上。理解了这一点，我们就不会致力于去法某家法某派了。有一段时期我们把"古典加民歌"的形式规定为诗歌创作的道路，这样的实践无异于毁灭诗歌。正如推行书法艺术的铅字化，无异于毁灭书法。推广到一切艺术上都是这样。那种只追求同一而不追求变化、差异和多样性的艺术主张，对艺术的发展是极为不利的。

问：有人说反传统就是民族虚无主义，难道民族传统没有价值吗？

答：我已经说过了，艺术价值是永恒的。有所表现的艺术，就是有价值的艺术。正像一个人有一个人的个性，一个民族也有一个民族的个性。艺术而不表现民族的个性，也就不能表现人的个性，二者是不可分割的。民族的个性通过个人表现为艺术，也就是从精神产生出形式，形式的丰富性表现出精神的丰富性。一个民族愈伟大，它的精神也就愈是丰富和活跃，那种抱住单一的传统不放的民族是没有生命力的民族。我们的民族不是那样的民族，我们的民族是伟大的民族，所以它才能在不断开拓新境界的过程中不断发展。不能把我们的民族性理解为某几个固定的形式：平仄对偶、词牌、彩塑、单线平涂、斧劈皴、披麻皴、斗拱，或者大琉璃屋顶……如此等等。这些是我们民族精神的有限表现，已经完成了自己的历史使命，它们不足以表现现在和将来的我们的民族精神。以之来束缚我们，我们是要反对的。民族精神不是形式特征，一个法国人用水墨和宣纸来画的画并不是中国画；一个英国人用拉合尔方言写的小说仍然是英国味的小说；一个日本人穿上蒙古服来唱的蒙古歌曲，跳的蒙古舞蹈，不管多么准确都会失去其中最动人的部分。而一个来自蒙古草原的牧人，很随便地就保留了这些部分。他只要一个微小的动作、一个几乎听不出来的抑扬顿挫，就能表现出那种苍茫原始的草原气息，而这是别的民族的艺术家怎么也学不到的。为要表现一个民族的民族精神，必须先具有这个民族的哲学和民族的灵魂，能体验这个民族特有的苦难、忧伤、欢乐与憧憬。如果说这些也都是传统的话，那么这样的传统是反不了的。我们所说的传统是笔墨传统，它曾经活跃，但现在已经成了僵死的技法规范。我们可以借鉴，但不能受其束缚。不能把手段当作目的。

问：现在有人用国画的技法来画油画，说这是油画的中国化，这是不是创新呢？

答：是创新。因为物质媒介不同，语法和惯例不同，表现性也就不同，所以它不会是旧东西的重复。油画都是马克西莫夫那一套也不行，也要变。《易经》上面有两句话说："穷则变，变则通。"谨守单一的道路，穷而不变，只有停顿。用国画的技法来画油画，是变的途径之一，但不是唯一的途径。有许多国画家也得益于所谓"西洋画"，那是另一条途径。途径越多越好，现在是太少了。但根本问题不在于技法的变，而在于思想的解放。思想不解放，想变也变不好。机械地油画加国画并不等于创新，问题是要通过这种相加获得新的表现性，所以不是 $1+1=2$。而要获得表现性，前提是必须有所表现，如果思想不解放，不能提供新的精神情绪，不能有助于作为视觉语言的绘画的观念革新，表现什么呢？无所表现的艺术是什么艺术呢？

问：油画的国画化讲究灰调子，避免变化、差异和多样性，而追求单纯和同一，有时还用线描，这是发展吗？

答：是发展。灰调子同明朗的调子一样，既可以表现缓和宁静，也可以表现紧张，所以并不同一。

色彩好像音乐,阴沉可以有阴沉的响亮,阴沉不等于沉默。初学油画的人,不善于使用灰调子,常常把色彩弄得很脏。脏了就死了,沉默了。灰调子和脏的区别,也就是生与死的区别。这里所谓的生与死,同国画笔墨的生和死,意思是一样的。生就是生动。用古人的话说,也就是"气韵生动"。所谓气韵是一种意味。气韵生动就是具有生命的意味。即使你画的是没有生命的东西,例如静物,或者抽象图案,你必须使它们有一种生命的意味。画静物就要画出它的静,静是静物的生命。静不等于死,不等于呆板。在这个意义上静的美也就是动的美。抓住了这个动,你就抓住了静物画的命脉了。

肯定生、否定死,肯定自由、否定异化,这是一切艺术的共同本性。在不同的时代,不同的社会历史条件下,在不同的具体环境中,艺术的这个本性,其表现形式无限丰富,但这个本性不会改变。正如奴隶、农奴和无产阶级因所处的社会历史环境不同,身上所戴的枷锁也各不相同,但他们从枷锁中解放出来的愿望,则是相同的。艺术,同人道主义一样,力求满足人类解放的需要,满足人类个体与整体统一的需要,不过是通过完全不同的途径。艺术,同人道主义一样，不仅包含着对于生命和自由的肯定评价，而且包含着对于生命和自由的热烈而又执着的追求。大家知道，中国画论特别重视"气韵生动"，从南齐谢赫把它作为六法的第一条要求起，千百年来它一直是中国绘画的基本要求。现在我们看画，常说有气势或者没有气势，说"这一笔死了"，或者"那一笔很有力"。在我们的语言中"力"的概念等于"美"的概念。"有力"就是美，"死了"就是丑。有力，画面就生气贯注。那些没有生命的元素（纸、墨、色等）结构就会呈现出一种生命的意味。作画，写书法，实际上也就是画家、书法家把自己的生命力贯注到自己的作品中去，使作品具有生命。古人论书，都是用力的运动形式来形容好的书法。例如说直如"龙跃天门"、横如"虎卧凤阙"、点如"危岩坠石"、撇如"奔浪崩雪"，如此等等。古代大书法家有的因为看了公孙氏的剑器舞，有的因为看到两条蛇相斗，而书法大有长进，这都是很有意思的事例。书法的艺术价值在于力量、运动和个性。在于它在多大程度上具有这种表现性。从归根结底的意义上来说，这一价值定向仍然植根于艺术的人道主义本质之中。

绘画就更明显了。"气韵生动"这一形式原则，到后来直接同人的"人品"合而为一了。如所谓"人品不高则用墨无法",如所谓"人品既高矣,则气韵不得不高,气韵既高矣,则生动不得不至",这些方法论极其深刻地触及了绘画的根本。人品与方法之间的联系,初看似乎虚玄,但却是每个画家自觉和不自觉地受其制约的美学原则。这不仅仅是一个技巧的问题。不是说不要技巧,如果没有技巧,人品再高也画不出好画来。技巧与人品的统一,就在于力量的运用。说笔墨要有力量,并不是要你用很大的力气来画,并不是只有举重运动员才能成为画家。力量是人的本质力量,这种本质力量在绘画中的表现也就是由形式结构透露出来的功能量信息,或者说自由信息。它是通过创造形式来实现的。艺术创作是一种努力,它是通过克服阻力来实现的。绘画的形式,也就是在感觉中呈现出来的在力和阻力斗争中形成的动态结构。它也保持和谐,但这种和谐是动态平衡而不是绝对平衡,是冲浪式平衡而不是天平式平衡。古代画论一面提倡奔放、崛奇、险峭、恣纵,一面又强调敛约、平淡、稚拙、含蓄,而把后者看作最根本的东西和更深远的境界。不论我们对传统抱有多深的成见,我们不得不承认这一审美观点,充满着现代精神。恽南田论笔墨，就说要"疑而得之"。这是难得的经验之谈。得中有疑，所以就显得迟滞，显得笨拙，显得幼稚。"欲左先右"，"欲下先上"，"无往不复"，"无垂不缩"。有一股"木强之气"，给人一种生疏的感觉。生疏比圆熟好。圆熟就是老一套，是单一化，所以俗气熏人，使人一见就烦。范曾的画就是这样，所以它只有在行家的圈子以外才有市场。当然行家承认的东西未必就好。在书法界地位很高的舒同书法，我看就疲软无力，一点也不好。病就病在太圆熟。当然要做到生疏是很难的。有儿童画的稚拙，也有画家的稚拙。前者是一种天籁，以感性为动力；后者是一种有意识的努力，以理性为出发点。所以后者更难。难就难在一个成年人，理性结构往往和感性动力相疏远，而且比较复杂和固定，对感性动力的束缚和压抑也比较强，所以他的"真我"也比较难于表现。画家愈是真率，他就愈是能做到这一点。有些俗气的画，故意尚偏、尚侧，也呈现出一种力量结构，但那是虚假的、做作的结构，而不是真实的结构。病就病在"故意"。这种地方最使人看了难受。有些得奖的儿童画，是经大人的手改过的，那些改过的地方最触目，最使人难受，一看就不舒服。如果说，使人看了难受就是丑的话，那么相反的情况就是美了。所以美是同真、善相联系的，与之相反，丑是同假、恶相联系的。在这里也见出一种人格，或者说人品。所以"人品不高用墨无法"的说法是有道理的。孔子强调"刚毅木讷近仁"。用这个观点，可以说明许多中国绘画美学的问题。

问：您说使人看了难受就是丑，但是笨拙也可以说是丑，并不使人难受。这应该怎么理解呢？

答：当然笨拙也可以说是一种丑。丑字在这里有两种含义。一种是与美相对立的丑；一种是作为审美范畴之一的丑。后者与崇高、滑稽等等并列为美的一个类型。笨拙，野、怪、乱、黑、丑角、灰色幽默等等，都属于这一类。傅青主论书法，说"宁拙毋巧，宁丑毋媚，宁支离毋轻滑，宁真率毋安排"。这个与"媚"相对立的丑，就是美。这个美往往更难达到，所以更高级。其所以高级就是要经过努力才能达到。许多伟大的画家，像毕加索、马蒂斯等人，都曾经力图模仿儿童画的稚拙，到老才有所成就。杜甫说他是"老去诗篇浑漫与"；陆游说他是"诗淡如水功差近"；苏轼说他是"渐老渐熟，乃近平淡"；郑板桥说他"四十年来画竹枝"然后才"画到生时是熟时"。这些经验之谈,在这一点上都是一致的:由生而熟易,由熟而生难。原始艺术的主要特征就在于感性的真率,把生命力贯注于单纯的形象之中,达到生命力和形式合而为一,使形式有效地反映出生命力的运行。而文明发达的民族处心积虑刻意求工的艺术,由于让理性的东西妨碍感性的东西,反而失去了这一生命的真实,反而达不到原始艺术的水平。人在文明中失去他的自我,这种情况就是异化。异化使人与人隔绝。艺术要达到美的境界,就要克服这种异化。美是与异化相对立的,所以稚拙等等,也就是美。在这里,美的追求与异化的扬弃是一致的,艺术与人道主义是一致的。所谓"刚毅木讷近仁",不过是一个小小的例子而已。因为难得,所以高级。老子说"大智若愚,大辩若讷,大巧若拙",确乎是这样的。

问:用笔要滞涩,要"无往不复",这是不是说只有画得慢才有力呢?

答:这里不牵涉快慢的问题。书法中的狂草、绘画中的高古游丝描,都需要很快的速度才能够写出来、画出来,所谓"惊蛇走虺势入座,骤雨旋风声满堂",这不是没有力。如果你把这种惊蛇走虺的墨迹同那些无目的地在纸上轻飘飘滑过去的墨迹比较一下,就会看到它那种线条是包含着几十年苦练得来的力量的。几十年的力量集中在刹那中,深浅自然不同。如果不是这样,中锋的轻快就会变成圆滑,逆笔和偏锋的气势就变成霸气。刀砍斧劈,处处锋芒毕露,这就是耍花枪,虚张声势,不是真功夫了。

问:泼墨法不用线条,也表现力量吗?

答:泼墨法是追求气韵生动的有效方法,它的效果显得特别自然。自然,它本身就是一种生动的力量,自然的对立面是刻画和做作。刻画和做作就是不自然,就是假,它所表现的我就是"假我"。"假我"是异化了的自我。从假我到真我的道路,也就是克服异化的道路,摆脱束缚的道路。这个道理,古代诗人们早就认识到了,陶渊明诗说:"久在樊笼里,复得返自然",杜甫诗说:"我生性放诞,雅欲逃自然",一个"返"字,一个"逃"字,生动地说明了人在由假到真、由束缚到解放这一行为过程中所做的努力。所谓"生",所谓"稚拙",也无非就是自然和真率而已。真率是一种力量,弄虚作假,同时也是软弱的表现。泼墨法、米点法等等，同稚拙画法的原则是相同的，不过方法不同而已，它们所追求的仍是力量，是真。

　　总之，个体和整体统一，变化、差异和多样性统一的动态结构，既是人道主义的形式，也是艺术的形式。人道主义力求在自由的基础上实现人的个体和整体的统一、社会与自然的统一，把社会建设为一个开放性的、活的有机整体，即以各个人的自由发展为一切人自由发展的条件的联合体。如果把这个联合体的结构形式与功能特性同那些真正优秀的艺术作品比较一下，就会发现其中有某种深刻的类似性。在这个意义上也可以认为，理想的社会形态是一件伟大的艺术品，它需要我们齐心合力地进行不懈的努力才能够实现。而艺术创作活动，当然还有审美活动，都是这种历史性努力的一个部分，这是一个最先头的部分，它不断地探索，不断地试错，力图确定一个人类存在和发展的最佳形式——即美的形式。明乎此，就不难理解，为什么历史上一切要求进步的思潮和变革的呼声，都首先是在艺术的领域发生。

　　总之，艺术不是可有可无的游戏或者装饰品。艺术是一种努力，是人类追求进步的努力的一部分，是唤醒人们的主体意识、窥视未知世界、探测前进方向的积极的活动。在其中理性结构作为一个被扬弃的环节包含在感性动力之中，所以它永远不会异化，永远不会凝固、僵化以致成为自身的桎梏。艺术的生命力，是植根于人类进步的感性动力之中的。在其中理性的人的结构学（对历史必然性的肯定）被统一于感性的人的动力学（对自由的肯定）。这样的结构必然是动态的结构，即力的结构。这样的形式必然是贯注着不息地进取的活动的形式。所谓艺术创作，也就是把自己的生命力贯注于特定形式的工作。或者说是借特定形式来表现自己生命力的工作。由于这种生命力不是盲目的、异化了的、单向度的动物式的生命力，而是不断历史地丰富和发展着的人的生命力，所以它必然包含着一个民族、一个社会、一个时代许多共同的理想、愿望和希望，而在它运动的节奏中跃动着民族精神的脉搏，呈现出历史运动的旋律。伟大的艺术家是那些善于从自己时代最深的重心中吸取活力并把它表现于一定物质形式的人。这样的表现，也就是创造。这样的创造也就是异化的扬弃。正是在这种异化的扬弃之中，我们看到了艺术与人道主义的同一。

　　政治、经济等等都可以异化，唯独美与艺术不会异化。美一旦异化就变成丑，艺术一旦异化就会变成应用工具。它可以是很好的工具，但不会同时作为工具而又是艺术。所以美与艺术的人道主义性质是它们所固有的，而不是它们可供选择的多种方向之一，也不是它们应该如何的一个标尺。人道主义是包含在艺术的本质之中的基本因素，是艺术之所以是艺术实存的根据。所以一件作品是不是与人道主义相一致，可以成为我们区别它是艺术还是非艺术的依据之一。

在座的都是画家，有的是很有名的画家，有的是未来的画家。画家的工作就是创造和表现美，这种创造，作为人类探索前进道路的一种活动，也是人类推动历史前进的动力的一个重要组成部分。正因为如此，历史上那些最伟大的画家、艺术家，像达·芬奇、伦勃朗、石涛、朱耷、毕加索等人，以及贝多芬、曹雪芹这样一些人，他们的历史地位丝毫也不亚于那些伟大的科学家、哲学家、政治家，包括斯宾诺莎、康德、牛顿和爱因斯坦那样一些著名的人物。美国《新时代大百科全书》甚至宣称，马克·吐温的著作，"作为美国历史遗产的价值，不亚于林肯的贡献"。一件伟大的艺术作品，它所起的推动社会前进的力量是十分巨大的。艺术的力量是一种美的力量，

人道主义与艺术形式

美的力量是一种引导人类进步的力量。从历史上来看，艺术家通过创造美为人类进步所做的贡献是不可估量的。祝诸位做出更大的贡献。今天就讲这么些。来北京前不知道要谈这个问题，没有准备讲稿，拉杂讲了这么些，不知道讲清楚了没有？有什么错误和片面性，请大家指正。有什么问题，也可提出来，我们再讨论。

问：什么都可能异化，唯独艺术不会异化。这是不是说，只有艺术家才是最自由、最崇高、最正确的人呢？

答：当然不是。艺术家同其他人一样，也有好有坏。诗人灵魂丑恶或者画家人格卑鄙的例子，也并不少见。像果戈理、霍甫曼那样的巨人也受到许多正当的非难。冯延巳、朱敦儒也是那样。就是古代那些崇尚稚拙简淡的画家，有许多人的私生活也未能免"俗"。元遗山有一首诗说："心画心声总失真，文章宁复见为人。千古高情闲居赋，争信安仁拜路尘。"就是说的这方面的例子。潘岳赋格很高，但他本人却奴颜婢膝。正如有人是真隐士，有人是假隐士，字画也是这样，有的是真稚拙，有的是假稚拙，故意歪歪斜斜，抖抖索索，布局不平衡，显出一种刻意的做作，不可不辨。但是当我们谈论稚拙的时候，我们是不把这种冒牌货算在里面的。正如当我们谈论珍珠的时候，是不必把鱼目也算在里边的。所以如果作者有尘俗之气，那也并不否定他的作品的简淡稚拙。我们应当就作品论作品，而不应当因人而异。在这样的情况下，艺术作品往往是作者人格分裂的表现：他在现实中被异化了，但却力图在艺术中过另一种生活，做另一种人。他并不是说假话，说假话的作品也有，但那并不是艺术。他说的是真话。通过这种作品，我们可以看到一种痛苦的挣扎，一种隐藏在庸俗和卑劣后面的深刻的悲哀、孤独感和对于假我的鄙弃。正是这种悲哀、孤独感和对于假我的鄙弃，把他们同真正的市侩或坏蛋区别开来。假如你有时厌恶作者却又不得不喜欢他的作品，那就请你把作品和作者分开吧！他的美好是属于全人类的，而他的丑恶却只属于他个人。当然我这么说，只是回答一个特殊的问题，不能一概而论，更不能由此得出结论说，我认为艺术家必须先被异化，然后才能创造。

问：你说美学是人学，研究美就是研究人。但是，像生理学、心理学、法学、历史学，还有许多其他学科不是也研究人吗？美学同这些学科的区别在哪里呢？

答：这一切学科都是研究人的，但它们又都不可以互相替代。因为它们各有自己的视角和研究中心，各自揭示人的不同方面，提出和解决人的不同问题。例如，从法学的观点看来是罪犯的人，从生理学的观点看来可能完全正常；心理学家潜心注目的东西，历史学家可能不屑一顾。美学作为研究人的学科，有其不同于其他以人为对象的学科的特点。这个特点就是以研究美感经验为中心，通过美感经验来研究人，研究人的活动及其成果，特别是研究美和审美行为以及它们对人（包括个人和社会）的作用，并力求发挥这种作用，以达到人类"按照美的规律来创造世界"的目的。

问：美和艺术都离不开形式。我们常说的心灵美、性格美等等，是不是也有形式呢？

答：许多人认为，心灵美没有具体的物质形式，所以是伦理学问题，不是美学问题。我不同意那种观点。不能说只有物质实体才有形式。精神的东西，思想性格、理论、知识体系等等也可以有自己的形式或形象。凡有结构的事物都可以有形式，凡有形式的事物都可以有形象。不能说只有物质实体才有形式或形象。思想性格等等，都有其元素和结构，例如思想是一种以语义为元素的逻辑认识结构，性格是一种以神经细胞为元素的心理和行为结构，所以它们也各有自己的形式或形象。问题在于你能不能直观地把握它。生命科学告诉我们，意识是可以影响遗传的，通过世世代代的实践和学习（试错），人类个体可以获得一种智力的直觉，能按照自己的理解"看到"或"听到"思想性格、理论知识体系等等的形式或形象，例如"诸天音乐""数学的和谐"等等。所以这一切，同物质实体一样，都可以用美学的尺度来衡量。

用这一尺度，我们可以在，例如一棵树和一种思想性格之间、一首歌曲和一种经济制度之间，或者一种天气和一种政治形势之间，"看到"或者"听到"一种共同的东西。这种共同的东西就是形式的力学原则：凡是美的，都是开放的、动态的、生长的、发展的、进步的。这不仅是一个同构对应的问题，也是"人的尺度"的符合。

问：说美与丑的对立是自由与异化的对立，这是不是说，美是客观的呢？

答：主客观的划分是一个很复杂的问题，要专门探讨。如果客观性是指不以人为转移的客观存在和它的统一的合标准性的话，那么美肯定不是客观的。我们所说的主观性，就是主体性、能动性；就是因人因事因时因地而异，不能用统一的模式来固定和划一。

问：艺术作品要有个性，这是对的。但事实上，艺术作品又是有社会内容的，甚至打上阶级的烙印；有人还说艺术应当表现永恒的普遍的人性，许多伟大作品正因为表现了永恒的普遍的人性才能够千古流传，哪种说法更正确一些呢？

答：个性并不排斥共性。人首先是人，其次才是某一时代、某一民族、某一阶级的某一具体的个人。所以一个时代、一个民族、一个阶级的艺术，也都具备有各该时代、民族、阶级等等的特征。京剧动作的一步三摇，表现出中世纪生活节奏的缓慢；故宫建筑的万仞宫墙及其后面沉重的大屋顶，还有划分为堂、庑、轩、轾的民居格局，都无不表现出封建社会森严的等级制度的阴森与压抑。至于繁复而又严格的诗词格律，不正是封建礼教严格的秩序和礼仪的象征吗？这种形式从汉魏一直沿袭到清末，不也正好同封建社会的发展停滞节奏缓慢相适应吗？这些程式不是哪一个人的作品，而是历史和社会的产物。所以它表现出民族的、时代的和历史的个性。它是通过特定的阻力（缓慢和压抑）来表现的。个人的作品除了以这些程式、惯例为媒介以外，还必须表现出他自己的个性，这就多了一个层次。我们说艺术作品要有个性，也就是说对于艺术来说，恰恰是这个层次是最关键的层次。不进入这个层次，艺术就没有独创的价值了。说艺术要有个性，就是说艺术尊重个性。人道主义正是在尊重个性的前提下谋求各个人个性和才能的全面发展。当各个人个性和才能的全面发展成为一切人个性和才能全面发展的条件时，个性和共性也就统一了。艺术正是作为个性的表现而成为时代、阶级和社会的表现，成为各个孤立的个人之间联系的桥梁。通过这个桥梁，个体与个体可以走向统一，个体和类可以走向统一。这就是艺术的社会价值，这就是艺术的历史意义。即使单就这价值和意义来说，艺术本质上也是人道主义的。

　　从这个角度来说，艺术的功能类似语言。但语言是工具，艺术则是目的。语言可以异化，艺术是与异化相对立的。语言常常并不相通，艺术则只有在相通的时候才是艺术，它可以成为甚至不同时代、社会之间不同人们交流心灵的渠道。

问：艺术包含着时代的、民族的、社会的东西，不也是一种理性结构吗？

答：请注意，我所说的理性结构，是指与感性动力相疏远的，因而是僵死了的理性结构。感性动力并不一概排斥理性结构；相反，它把理性结构当作一个被扬弃的环节包含在自身之中。正如力在进行中把阻力作为一个被扬弃的环节包含在自身之中一样。当然我用这个比喻，并不等于说一切理性结构都是阻力，但理性结构是历史的成果，它应当而且终将被感性动力所超越。当它不是促成而是禁止这种超越的时候，它就成了阻力了。一般说来，感性动力是动态的，它追求变化发展，追求差异性和多样性。理性结构则是静态的，它力求保持自身的平衡，因而往往把变化和发展看作是一种对平衡的破坏。所谓多样统一，所谓动态平衡，也就是感性和理性的统一。但是这种统一，只有是在感性基础上的统一，才能成为人类进步的动力。这种情形在自然科学中比较明显。在自然科学中也有伦理问题，因为在科学技术的上方，高悬着人类的目的。这个目的是什么?这是每一个伟大的科学家都深深地思索过的问题。许多伟大的科学家,包括奥本海默、爱因斯坦等人,都相信有一个统一的宇宙法则。虽然他们都没有能提出一个通用的理论或方程式,虽然爱因斯坦终于没有能把他的规范场理论建立起来,但他们的这个信心并没有动摇。许多科学家认为爱因斯坦早年取得成功而晚年遭到失败,是因为他放弃了青年时代感性和理性相结合的方法,即物理直觉的方法和图像思维的方法,而代之以纯粹理性的方法——即数学分析的方法的缘故。他晚年的失败也就是这后一方法的失败。这后一方法的失败,意味着理性作为一种人类进步的手段并不具有战略上的优越性。它可以说明过去,却难以展现未来。理论创见只有借助于感性动力才能实现,在这一点上艺术与科学是相通的。

我要提请大家特别注意的是,理性结构和感性动力的对立是人类发展一定阶段上一定条件下的产物,它不是绝对的,更不是永恒的,而是人类力求消除并有可能消除的。科学与艺术的所谓对立也是如此。还有,感性动力是一种探索创造的动力,它本身不是被创造出来的,而是在进化和历史过程中发展起来的。这种发展当然也利用历史的成果,即所谓时代的、民族的、社会的东西。这种东西只要不异化,就会成为生命力的营养。艺术并不创造生命力,艺术创造的是形式结构。这种形式结构由于贯注着生命力而成为一种多样统一的开放性动态结构,一种具有生命意味的、气韵生动的形式。如果其中没有力,结构形态就"死了"。生和死的区别,也就是自由与异化的区别。

前面我把结构的功能解释为它的目的性。画家作画,首先要有目的性(表面上看起来"无意识"的目的性也是目的性)。也就是说,首先要"立意"。王夫之论诗,说是"意犹帅也","无帅之兵,谓之乌合"。没有目的性,元素(音响、色彩、文字等等)就不能构成多样统一的和谐整体。不过是一堆材料,一群乌合之众。所谓活的有机整体(完形),也就是贯注着人的生命力、人的目的性的事物的形象。一个画家,他的功夫愈深,他就愈是能把雄厚的生命力贯注到笔墨中去,笔墨就愈是气韵生动,愈是雄健有力。这个意,自然也包含着时代的、民族的和社会的东西。

问：最近出了一本《西方现代派画论选》，那里面说创作是无意识的。您同意那种说法吗？

答：考虑到这个意，我一向对那种观点持保留态度。我觉得那种观点把人的艺术作品同大自然的作品，例如晚霞或者墙上的水痕等等混为一谈了。艺术是人的表现和人的同情，它以只有在人的社会历史系统中才能了解的信息关系为前提。从归根结底的意义上来讲，它来源于人类为了实现自己的本质（自由）而控制、调节和达到有目的效果，而接受、使用周围环境的信息的能力。所以如果没有人的意识，事物就没有这些特性。事物的这些特性，是人的本质的对象化，是对象世界中对人的本质的肯定部分。它作为一种潜能具有深厚的自然基础，但它的转化为现实却是在历史过程中实现的，所以它又是历史的和社会的。

美与艺术都是自由的象征，这一点规定了它们的人道主义本质。"无意识"的和没有目的的自由是不可思议的。所以无意识和无目的的艺术也是不可思议的。美与艺术作为一种力，并不是盲目的力，而是一种有方向性的力。它不是无意识地无边无际地在空间乱闯，而是向着一个意识到的目标前进。这个目标就是要表现某种思绪、某种情感。他顽强地要做到这一点，失败了又重新开始，这就叫创作的苦恼。如果没有目的，也就无所谓失败。如果没有失败，也就不会有苦恼，创作就会是一件无所谓的玩意儿了。我相信，诸位的经验都可以证明，事实并不是这样。当然，艺术创作的根本目的：呼求同情，寻找联系，争取个体和整体的统一这一最根本的人道主义目的，并不是每个艺术家在创作时都时刻想着的。不论想不想，事实都是那样。没有想到，也并不就是无意识。意识概念的确立，并不要求"目的的目的"都进入思考。不过这就说远了。今天就谈这些吧！以上想法，作为问题提出来，向大家请教。蛛丝马迹，不是系统的论证。总之美与艺术的形式原则，即多样统一、动态平衡的原则，活的有机整体（完形）的原则，开放性动力结构原则等等，同伦理、经济等其他领域的人道主义价值原则是共通的。我希望将来能有机会，深入地摸索一下这个问题，那时我们再谈。

（本文是1982年10月作者在北京画院和中央美术学院讲演的记录稿，据录音整理。整理者刘迅，北京画院院长。）

关于艺术的一些思考

给美和艺术下定义的做法,也许违反美与艺术的开放的本性。对于被决定论折磨得很苦的我们,摆脱定义的束缚也是一种诱惑。但同时,为了寻找立脚点,我们又需要定义。我不知道,没有立脚点,将何以出发。所以想清理一下自己的有关想法,就作为出发点吧。

一、艺术是人类的创造物

在古汉语中,"艺"是技巧的意思。古希腊文"Tekne"一词既表示艺术,也表示制作和手工。在拉丁文中,"ars"一词同时意味着艺术、手工和技巧。这种和"技巧"同一的艺术概念,现在已经过时了。

它的缺点在于太广泛,不仅适用于艺术,也适用于一切领域。我国先秦和古希腊人的许多著作,都把骑射、烹饪之类,称之为艺术("六艺"之一)。柏拉图甚至把商业称之为"赢利的艺术"。在后来人的著作中,"军事艺术"一词也常和"军事科学"并用。巧妙的政治手腕有时也被称之为"政治艺术"……总之,举凡一切高度技巧的表现和产物,都可以称之为艺术。按照这样的艺术概念,艺术和非艺术并没有严格的区别。制式房屋和量产汽车都可以有它们自己的艺术性。假如一定的艺术概念不能用来大体划定这些事物与艺术的界限,那么这样的概念是没有用处的。

艺术固然离不开技巧,但并非一切技巧都是艺术。为要把艺术的技巧和其他技巧(例如医术或权术)、艺术创作和其他创作(例如工业设计或科学发明)区别开来,应该有一个基本的前提。这个前提就是美。美是人的本质的对象化,是客观地呈现出来的人的精神现象。它直接诉诸感性而不诉诸理性。所以那些认识到的、理解到的技巧,那些事后通过分析才呈现出来的技巧,例如军事技巧或政治技巧,就不属于美的范畴,从而也不属于艺术的范畴。

当然,广义地说,从根本上说,美的领域涵盖人类活动的一切领域，无论政治、经济、科学技术、哲学以及人的思想、感情、行为等等，都有一个美不美的问题。凡是正确的、有效的，都是美的。例如诉诸视觉的武术技巧也可以是美的。它的美是与自卫或攻击的有效性相关联的。武术活动是一种追求实效的活动。说这种活动是美的，是说这种活动可以从美学的角度来评价，这不等于说武术就是艺术。

艺术不追求直接的实效，它追求的是美——实效的象征。如果武术活动不是为了打击敌人而是为了表现人的情感——仇恨与意志力，它就是在追求美了。在这样的情况下它就可以作为一种特殊的舞蹈而进入艺术的领域，从而同其他艺术相通。例如同书法和绘画相通。公孙氏的剑器舞，"来如雷霆收震怒，罢如江海凝清光"，给了张旭以巨大的启发，使他的书法大有长进。剑舞和草书之间有什么共同的东西呢？这个共同的东西就是抽象的运动形式。如果把那些使它们区别开来的具体的物质元素，例如笔墨和纸张、人体和武器等等都抽象出去，那么留下来的唯一的东西，就只是那个表现着人类情感的力的运动形式：力的变幻莫测的动向及其强劲迅疾的运动节奏，和由这个节奏以及与之相适应的许多小节奏所组成的、生气贯注的活的有机整体。

这是一种活的、有生命的，因而是千差万别的、变化无穷的形式，所以它在不同的作品里永不重复。如果把那些物质元素相同的作品归类，那么相同的元素又都各个表现着不同的形式。那个在音乐里把乐音与乐音联系起来的东西，那个在诗歌里把词汇与词汇联系起来的东西，在不同的音乐或诗歌作品中是不同的。这不同中有相同、相同中有不同的东西，就是表现着人类情感的力的运动形式。

这个形式是人类的感性动力按照情感的逻辑创造出来用以探索前进道路的。所以它并不独立存在于我们的感觉之外。它是一种对象化了的人的本质能力，一种客观化了的人的主观体验。艺术所要表现的，就是这个东西，这个东西，我们称之为美。

艺术是人所创造的美。假如说一切美都是人类无意识的创造物的话，那么艺术则是人类有意识地根据美的规律创造出来的存在物。换言之，它是本质先于存在的存在物。这个本质就是美。任何事物，它必须首先能使人感到美才可能成为艺术。离开了这个最基本的出发点，就很难理解艺术是什么。

以往许多对艺术的定义之所以不确切，就因为它们一开始就离开了这个最基本的大前提。说艺术是现实的再现，是生活的镜子，是认识世界的特殊手段，是"给思想以形象"等等，都没有抓住问题的根本。那种把艺术和技巧混为一谈的看法之所以宽泛和笼统，也因为它没有抓住美这一根本的缘故。艺术靠技巧来表现和创造美，但如没有美，技巧也就白费了。能在一根头发上刻一首《满江红》，其手段之高妙固然令人叹服，但除非用显微镜，你就看不到它。即使用显微镜，你从中看到的也不是真正的书法，它就不可能是美的，从而它也就不是艺术，不论它表现出多高的技巧。总之，艺术是一种美。任何事物，它必须首先是美的，然后才有可能是艺术，这是艺术概念的第一个层次。

但是，正如并非一切文字都是书法，也并非一切美都是艺术。许多自然现象和社会现象，例如7月的云层、5月的花，广场上愤怒的群众、刑场上仰天大笑的谭嗣同……都是美的。但它们不是艺术。为了把艺术同这一切自然现象和社会现象的美区别开来，还应当界定艺术作品不是自然形成的，而是人类有意识地创造出来的。艺术作品的出现，只是人类通过一定有意识的劳动实践（不仅仅是审美实践），对现实材料进行一定有意识的提炼和加工，使之成为自己情感和生命力的一个表现，才有可能成为现实。所以，艺术是创造物，这是艺术概念的第二个层次。这个层次把没有经过人类物质手段加工的自然美（或曰原始美），排除出了艺术的畛域。百灵鸟的鸣声与《空山鸟语》同样好听，但它不是艺术；许多大理石的云纹活像米点山水，但它不是艺术；冬天窗玻璃上的冰花，堪称奇妙的图案画，但它不是艺术。与之相反，石器时代的绘画和非洲丛林中原始民族的舞蹈，虽然简单粗糙，却仍然是艺术。因为它们的美是人的创造物。

二、艺术是精神产品

创造，这是人类自由的一种主要形式，是人类通过实践，使客观的规律性与自己的目的性相统一，从而按照自己的需要改变世界的活动。在这个意义上，人类的一切创造物，从石斧、瓦罐到汽车、航天飞机，作为人类自由实现程度的客观证明，都无不在审美的范畴之中，都无不有一个美与不美的问题。但是汽车、航天飞机等等的美，不等于艺术的美。为了界定什么是艺术，还必须找到艺术与人类其他创造物之间的界限。

前面我们把武术和舞蹈作对比时，指出武术活动是一种追求实效的活动。汽车、航天飞机之类，从本质上来说，作为人类追求实效的活动的成果，也可以说是一种武术，或者说是武器。它们就像公孙大娘手中的宝剑，不过是性能更强罢了。在征服自然的斗争中，人类不断发展手中的这种物质武器，不断取得斗争的胜利，从而也就发展了自己的物质力量。正如武术是人的肉体力量的客观展延，汽车、航天飞机等等也是人的物质力量的客观展延。

但是，也如同武术的成就不仅是物质肉体力量的成就，而且也是勇敢、顽强等精神力量的成就，现代科学和现代物质文明实际上也同时是精神文明的丰硕成果。所谓人的本质力量，包括物质力量和精神力量这两个不可分割的方面。而对于人类来说，这两个方面之中，精神的力量是更为重要的力量，精神的价值是更为基本的价值。所谓精神力量、精神价值，不仅是指智慧（这是不言而喻的），而且是指道德和热情。智慧追求真，道德追求善，热情追求美。而在具体的实践过程中，这三者是互相渗透、互相包含、相互作用的。

物质的力量、物质产品满足物质的需要，在这个基础上，精神的力量、精神产品满足精神的需要。后者以前者为前提，但也有它的相对独立性。人类的全部实践活动，无非也就是满足需要、创造需要、再满足和再创造的不息的运动。需要愈是丰富和多样，产品也就愈是丰富和多样。艺术与汽车、航天飞机等等不同之处，首先在于它是一种精神产品，它创造精神价值、满足精神的需要，所以它不具有直接的实用性。正因为如此，艺术创作活动，在最切近的意义上，常常被美学家们当作非实用的活动来对待。与之相反，汽车、航天飞机等等存在的全部根据，也就是它们的实用性。它们是物质生活资料，而不是精神产品。艺术是精神产品，这是艺术概念的第三个层次。

人类的精神现象，有其动力方面和结构方面。这两个方面本来是统一的。但在历史和社会中，在文化中它们又由于人的异化而化分为二：好像前者是根源于人类追求自身生存和发展的需要；后者是根源于人类缓和内部矛盾、协调内部关系的需要。第二种需要是特定社会历史条件的产物，和第一种需要处于不同的层次。于是形成了两种精神价值：一种是动力性的，一种是结构性的。动力性的东西先于结构性的东西。结构本来是动力的形态,和动力不可分割。但后来由于异化它又从动力中化分出来,与动力相疏远,甚至成为动力的阻力。

在遥远往古大自然的怀抱之中,面对着洪水、猛兽、严寒、酷暑、干旱、风暴、森林和沼泽,人类赤手空拳,必须自己救自己,争取生存和温饱的斗争是艰难而又无情的。他必须勇敢,才能战胜和猎获野兽;他必须勤劳,才能耕种和得到收成;他必须顽强坚毅,才能够忍受和渡过苦难与匮乏。正是这些优秀的品质,帮助人类"征服"(此二字不大妥当,既已普及,姑且用之)了大自然,走出了黑暗而又漫长的史前时代。

那时候,私有制和阶级还没有出现,这些优秀品质既是个人的东西,又是人类社会的东西。它们是人类在改造大自然的过程中形成的,它同时又是人类改造大自然的一种内在的动力。随着大自然的被征服,私有制与阶级的划分带来了人与人的对立和斗争,这些力量由于个人与个人以及个人与社会的互相冲突而抵消,已经不能成为整个人类推动历史前进的共同力量了。人们由于只能把自己的快乐建筑在别人的痛苦之上,互相成为祸害与仇敌。于是海盗的勇敢打垮了海运商人的勇敢；一个资本家的智慧和竞争心造成了许多资本家的破产和无数工人的极端穷困。美洲移民的不畏艰险和坚韧不拔使得无数黑人沦为奴隶，无数印第安人死于非命。在这样的情况下，勇敢顽强等这些个人品质，作为推动社会进步的力量反而变成丑恶的和可怕的东西了。

为了恢复个体与整体的统一，人们提出了各种缓和社会矛盾、协调社会关系的精神价值，例如忠、孝、节、烈……遵守契约和"合理利己主义"等行为规范，以及"知足常乐""能忍自安"之类的人格理想。一定的行为规范和人格理想是一定社会基础的产物，它们所起的作用，通常是保护自己的社会基础。所以历史上各个时期各种不同社会的统治剥削阶级，为了巩固既成的关系结构和加强自己的统治，总是利用自己所掌握的舆论工具，把有利于维持现状和加强自己统治的行为规范和人格理想，说成是普遍、永恒、适用于任何时代任何个人的精神价值，这就使得精神价值具有某种求静止、求和谐的保守倾向，而同当初那种求发展、求上进的精神价值相对立。

这种情况在历史上的出现有其必然性，但并不是历史的进步的上升之路，在先进的社会关系中，这二者是统一的。当一种社会关系已经过时，成为束缚生产力的桎梏而亟须进行变革的时候，这二者就会发生矛盾。这时后者就会竭力去否定和压抑前者，例如忠、孝压抑勇敢和智慧，节、烈压抑热情和进取心，如此等等。在这种情况下，忠、孝、节、烈之类，作为懦怯、愚蠢、懒惰、软弱等等的代名词，又成了阻碍社会进步的保守力量。我们把这种动力和结构的矛盾看作是感性和理性的冲突。有趣的是，这种冲突事实上往往表现为艺术和宗教、道德、政治等等，以及作为宗教、道德、政治等等的世界观基础的哲学的冲突。当感性动力和理性结构统一的时候，这一切都是统一的。例如原始人的艺术、神话与诗，同时也就是他们的宗教哲学与科学。后来，随着这一切之间，例如感性和理性之间、主体和客体之间、理论和行动之间的裂痕的日益扩大，艺术也逐渐从这一切之中分化出来了。

总之，人类的精神产品是多种多样的。艺术并不是任何一种精神产品，而是这样一种精神产品，它以感性动力为主导，是感性动力的表现性形式。由于人们所能直接体验到或者观察到的感性动力的经验形态，是那种被大家笼统地通称为情感的或明或暗的心理过程，所以许多美学家们把艺术的本质特征，定义为情感的表现。不但用以同作为逻辑认识结构的科学相区别，而且用以同作为评价和价值体系的哲学相区别。艺术是情感的表现，这是艺术概念的第三个基本层次。这一层次把作为精神产品的艺术，同人类其他许许多多精神产品区别开来了。

三、艺术是情感的表现

人类的生命现象之所以是一切生命现象中最复杂、最高级的现象，是因为他们创造了语言，并借助语言而发展了抽象推理的能力。无比复杂而又宏伟的文化和文明结构，都是建立在语言这一虚弱而又飘忽的基础之上的。语言可以异化。抽象推理可能把人们引向错误的道路。文化和文明的大森林可能使我们迷失方向。所以不论人们从语言得到多少好处，这好处到底没有动物从本能那里得到的好处可靠。幸而人们并没有忘记他们的本能，只是他们似乎已经不再意识到它的存在了。而在无意识之中，他们仍不免受本能的支配。这种本能在精神生活中起作用的方式是感性的和能动的，它力图使得人类的活动导致有助于实现大自然赋予他们的终极目标——类的繁荣和发展。

人类的一切活动都是生命活动。生命活动的过程，包括思想的过程，也就是行动的过程。所以在精神生活的领域，活动的动力不仅是动力，而且是活动本身。这一点不但艺术，哲学和科学也不例外。我们在哲学著作中总是在行动。或进或退，或绕来绕去，或寻找和摧毁什么，有时顿一顿脚，看看脚下的土地是否坚实，有时掏出配好的钥匙，试试这个门，又试试那个门。但是，由于在哲学中这一切动作都是通过语言来进行的，而语言（概念、语义）的结构又把它客观化和固定化了，我们在其中不知不觉地总是在重复同样的动作，老是在扭动同一个门把手，甚至除了这个门以外再看不到别的门了。这就使得哲学的结构形式常常具有一种封闭性，使得行动变成无意义的行动（正因如此，所以语言异化总是同人的异化同时出现）。当然并不是所有的哲学都是这样的，当哲学不是这样的时候，它就是诗了。正如朗格所说，形而上学也可以是一种诗，也可以是诗的一种形式。朗格的观点显然受到尼采的影响。不管尼采的其他观点怎么样，他关于艺术就是哲学，就是人类唯一可靠的认识工具的观点，是包含着一定的真理性的。比那种把哲学与艺术对立起来的观点要深刻得多。

关于艺术的一些思考

把哲学同艺术联系起来的东西，也就是把哲学同科学区别开来的东西。艺术同哲学的区别，比之于它同科学的区别显然要小得多。这个区别不在于什么哲学是抽象思维而艺术是形象思维（所谓形象思维不过是创造性想象。不但哲学家、科学家、实业家和政治家也都可以运用创造性想象于自己的工作，而艺术家呢，他们不可缺少的才能却首先是抽象的能力），而在于哲学借助于语言的中介而艺术则不。哲学的陈述不外乎一系列语言符号的变换过程。语言不明确就意味着推理形式松散，以致一本著作成为一本坏的著作。通过这语言的中介，哲学力求使情感概念化、明确化。于是情感在哲学中变成了思想，感性动力在哲学中凝固为理性结构。这并不是语言的过错。语言就其本性来说要求明确性。概念、语义、语法逻辑和方法论这些范畴都是为了同语言的不明确性、同陈述的模棱两可做斗争而存在的。它们力图构成一面尽可能细密的筛子，要筛掉那些模糊动荡、不可名状的东西，而不知道这些东西恰恰是那些明确的东西的基础，是巨大的精神价值，是潜在的精神价值的源泉。

而艺术的任务，恰恰就在于捕捉和表现这些东西。所以我们把它定义为情感的表现。这也是为了明确化。其实"情感"一词并不确切。通常所谓"情感",往往是指"愤怒""快乐""悲哀"等少数比较集中和突出、可以化为语言符号纳入固定概念的心理过程。这里的情感概念内涵要丰富、外延要广阔得多。它包括一切确实存在而又无法通过语言符号构成一个逻辑体系、无法获得一个明确的思维推理形式的心理过程。包括一切我们直接经验到的那些"只可意会,不可言传"的东西;那些"忧来无方,人莫知之"的东西;那些"才下眉头,却上心头","来何汹涌须挥剑,去尚缠绵可付箫"的东西;那些闪烁明灭、重叠交叉有如水上星光的东西;那些执拗地、静静地飘浮着而又不知不觉变得面目全非的东西;那些骚动不安、时隐时显、时快时慢、似乎留下什么却又使我们惘然若失的东西。现代心理科学早已证明,正是那些东西的总和,构成了我们的内心生活的基本内容,构成了我们的"自我"。在这里,所谓"表现情感",同"表现自我"是一回事。这两种提法说的是同一回事。

　　思想和叫得出名字的情感,不过是我们内心生活的极小一部分,不过是露出水面的冰山的尖端罢了。一个人的生命力愈是深厚,那个隐在暗处的世界就愈是广袤，他要求自我表现的冲动也就愈是强烈。不过一般人虽然有时也能注视或跟踪到其中某些刹那间呈现出来的形象，但却想不到要把握它们，即使想到也不可能做到，只好说什么"空回首，烟霭纷纷"，或者"惆怅旧欢如梦，觉来无处追寻"，使别人知道他怅然若失，却不知道他到底失掉了什么。艺术家不同于一般人之处，就在于他不但善于感受和体验，而且善于创造形式把它表现出来。他的内在的生命力愈是强大，他就愈是能用这生命力去摇撼或者激活别人的心灵。

所以艺术家的工作，不同于哲学家的工作（当然更不同于科学家的工作），他们没有现成的、明确的概念工具可供使用，不能用规范化的语言进行陈述。为了表现他的情感，除了创造可以诉诸感觉的形式之外，没有别的途径。如果他们的创造是成功的，他们所创造出来的形式就必然是独一无二的、情感的表现性形式。它不仅不同于任何思想的陈述形式，即逻辑推论的形式，也不同于任何其他的情感表现形式。它由构成艺术作品的诸要素，如颜色、声音、形状、动作、语词、惯例等等物质媒介和其他媒介的不同组合方式所构成。它诉诸感性而不诉诸理性；它的功能是启示性的而不是陈述性的。所以它不谋求明确而谋求生动，不谋求单一而谋求广阔和错综。所谓"诗无达诂"，所谓"有一千个读者就有一千个哈姆雷特"，就是这种艺术境界的近似描述。所谓生动，就是要包含和表现出一种活力、一种生命的意味。所谓广阔和错综，就是要以一当十，微尘中见大千，刹那中见永恒。这二者的结合，就使得形式在个别中呈现出一般，在静止中呈现出运动。这样一种在一组媒介的复合物（艺术作品）中呈现出来的诉诸感性的形式，就是艺术形式。这个形式，就是情感表现的形式。

四、艺术是真实情感的表现性形式

艺术是情感的表现，但并非所有情感的表现都是艺术。那些单纯发泄情感的活动如哭、笑、咆哮如雷或者奔走跳跃等等并不是艺术创作活动。那些是情感的自在的形式而不是情感的表现性形式。表现不仅是表现，而且是一种有意识的、反思的活动，正因为它是这样一种活动，它才是一种创造活动，它创造的不仅是形式。它本身就是一种人类自由的形式。

有意识的活动是有目的的活动，艺术创作的目的性，艺术作品存在的目的性是什么呢？答案十分重要：是同情。所谓同情，就是我的情感与别人的情感同一，或者别人的情感与我的情感同一。追求这种同一的目的性是什么呢？答案也很重要：就是要在变化、差异和多样性的基础上实现人类个体与整体的统一。这个目的是由人的族类生活的方向性所决定的。对它的寻求是一种本能的寻求，不是任何个人的需要，也不是任何特殊的历史社会条件的产物。所以这种寻求的力量，植根于人类自然生命力的深处，其动机的强度在任何条件下都大于特定个人特定环境局部的和有限的目的性所引起的动机的强度。假如情况颠倒过来了，局部的有限目的同类生活的方向相抵触，那么这就是异化。这种异化可以使艺术变为非艺术。稍后我们就要说到这一点。

所谓情感的表现，不是示踪，不是心电图，不是无意识地自动完成的。相反，它必须经过努力才能实现。艺术家为使情感获得一种别人可以感觉到的形式的活动，是一场艰苦的搏斗。而当他进行搏斗的时候，情感已经不是他个人自身的直接存在，不是他的自我的直接存在，而是他观照和反思的对象了。作为观照和反思对象的情感不仅是自在的情感，而且是艺术家所经验到的人类情感。它通过媒介的复合物而成为人与人同情的环节，是艺术作品获得表现性形式的机制。而表现的动力，就是力求满足人类对同情的需要。

但是这种人类生命力的内在功能，是一种十分深邃、隐藏在历史表象背后的东西，它未必进入艺术家的意识。我们说艺术创作是有意识的活动，是指艺术不是情感的自在的形式而是情感的表现性形式。为要创造这样的形式以期引起别人同样的情感，艺术家必须经过有意识的和艰苦的努力。这不等于说，艺术家必然了解自己的冲动、自己对同情的需要，那种渴望被别人理解、渴望与别人分担快乐与痛苦的激情（它常常被表象为孤独感）是由什么决定的。他只是体验到某种心理过程，有意识地试图把它表现出来而已。比方说猎人的狩猎活动是有意识、有目的的活动，这么说并不等于说每一个猎人都知道对作为食物的猎获物的需要，来自生物学上的本能。想得那么深远是哲学家的事情，而不是猎人或艺术家的事情。后者并不需要那么深刻的思想就可以卓有成效地进行狩猎或创作活动。

正如猎人是追求温饱，艺术家是追求同情。对同情的需要作为一种精神的需要，是人类发展更高阶段上的需要。如果艺术家并未体验到某种情感，他就不会有表现的冲动，从而也就不会有艺术创作活动。在这个意义上同情是艺术的生命。强调这一点十分重要。因为正是在这里，存在着一条真艺术与假艺术的分水岭。追求同情是一回事；自己没有某种情感而力图把它制造出来以期引起别人同样的情感又是一回事。这是性质完全不同的两回事。"艺术是情感的表现性形式"这一定义，由于不能区分这两种情况，所以还是不周延的。更确切的定义应该是：艺术是真实情感的表现性形式。加上"真实"二字是十分重要的，因为有许多貌似艺术的东西也可以说是情感的表现性形式，但却没有真实的情感。这样的艺术实际上并不是艺术。

例子太多了："文革"时期的许多作品，也都表现着某种情感，例如"肺都要气炸了"，"刀山敢上，火海敢闯"，"吃饭不香，睡觉不甜"……以及"最最最最"之类，都不是真实的情感而是冷静地制造出来的情感，但它在某种气氛下仍然能引起相同的情感，从而使得许多人陷入迷狂状态。这不是艺术，而是催眠术。心理学家所施行的催眠术，也可以通过启发、暗示、象征等等以及其他任何表现性形式，引起别人某种他所需要的情感，从而使别人采取某种他所需要的行动,以达到他控制、操纵、驾驭对方的目的。艺术家的创作不同于心理学家的催眠术之处,就在于艺术家所要表现的情感是他自己深切体验到的真实情感,而不是伪造的情感。正因为如此,艺术创作活动才是同情活动,才是个体与整体联系的活动。如果本人没有某种思想感情而力图把它"创作"出来,以期影响别人,那么这样的"创作"就带有催眠术的性质了。林彪、"四人帮"时期的许多作品,就是这方面最典型的例子。

所以每一个艺术家都必须遵守一条最高的律令:诚实。诚实是艺术的生命线。要是没有如骨鲠在喉非说不可的话要说,那就什么也别说。你可以去做任何有意义的工作,只是别做艺术家,也做不成。说假话并非在任何场合都是出卖灵魂,但是说假话肯定在任何场合都不会产生艺术。说真话的作品未必都是艺术作品(科学、哲学都要求说真话),但一切艺术作品肯定都是说真话的。针对林彪、"四人帮"的"理论"来说是这样,从最基本的美学原理上来说也是这样。因为艺术是人与人取得联系,以求在变化、差异和多样性的基础上实现统一的渠道。假话使人与人隔离,恰恰是违背了这一原理。总之不论从哪方面说,说真话都是艺术的基本要求。所以我们认为，这一点应当包括在艺术的定义之中。

许多习惯地被当作艺术看待的事物不是严格意义上的艺术。许多不是艺术的作品却具有一定的艺术价值（例如庄子或者尼采的哲学著作、司马迁或者达尔文的科学著作）。这中间最微妙也最重要的区别，就是是否真诚。鲁迅先生谈文学，指出有所谓"帮忙文学"，也有所谓"帮闲文学"。其实严格地说，"帮忙"和"帮闲"的都算不得文学。文学作为艺术的一个门类，也不能越出"说真话"这一界限。既是"帮忙"，或者"帮闲"，那就不是有话要说而又不得不说，而是另有其他目的。这样，活动的性质就改变了。不管是好还是坏，它们都算不得艺术创作。

伟大的艺术作品同平庸的艺术作品之间的差异不管多么大，只是量的差异；艺术与非艺术之间的差异不论多么小，却是质的差异。从《列女传》、"二十四孝图"和部分（不是全部）敦煌壁画可以看出，常常有这样的情形，作者自己不动感情而力图影响别人的感情。与施行催眠术的情况一样，作者也是冷静的，但他知道如何使你激动，并力图使你激动；作者并不相信那些他根据宗教教条或实用需要而编造的故事，但他知道如何使你相信和力图使你相信，并通过使你激动和相信，来影响你的行动。不论取得多大成功（这取决于技术水平），这种工作的性质，实际上同催眠术完全相同：作者是清醒的，而欣赏者却在梦中。他制造了你的梦，制造了你的激情，从而操纵了你的行动。

如果鲁迅所说的那种"帮忙文学"可以被称之为催眠术的话，那么他所说的另一种文学"帮闲文学"则可以被称之为娱乐术。催眠术和娱乐术的产品可以具备许多艺术品的特征，如具体性、形象性、情感性等等。轰动一时的电影《少林寺》属于这一类。许多无病呻吟的诗歌，片面追求销路迎合群众低级趣味制作出来的、以离奇曲折的情节取胜的惊险小说、恋爱故事，逼真的口技，精致的多层象牙雕刻绣球，惟妙惟肖使人惊叹的瓶内绘画，以及内容和手法都十分陈旧的连环画、月份牌、美人年历等等也属于这一类。还有一些体育项目，例如惊险的杂技表演，人数众多的团体操（大型歌舞剧）也属于这一类。娱乐术和催眠术（它们之间没有固定界限）可以做到与艺术十分近似，也可以被说成是情感的某种表现性形式（如果谁想这么说的话），但它们同艺术有质的不同，它们的具体的实用的目的性，同艺术的超越于任何实用目的的更为深刻的目的性是毫不相干，甚至是背道而驰的。

艺术的内在目的性是同情，有情而欲与人同，于是有表现的需要。表现的需要也就是同情的需要。所以它对个性的追求也就是对更为丰富的共性的创造。所以它对变化、差异和多样性的肯定，也就是为个体与整体的统一所做的贡献。而为了这个，它首先必须真诚。所以真诚，作为艺术的不可违反的律令，应当被定义到艺术的概念之中。这个概念就是：艺术是真实情感的表现性形式。"真实"一词虽然还不直接就是"诚实"的同义词，但在这里是包容着"诚实"的全部含义在内的。诚实是指艺术家表现了他本人曾经体验到的情感或心绪；真实则主要是指艺术家表现了他所正确地认识到的人类的情感或心绪。但由于在艺术中没有后者就没有前者，由于在艺术中感性的东西先于理性的东西，二者密不可分，所以这一定义实际上包括这两个方面。

五、艺术的创作

作为情感的表现，所谓艺术的创作问题，实际上是一个意境问题。若问艺术家创造了什么，回答就是创造了意境。什么是意境？意境就是一个由物质媒介（例如色彩、声音、语言等等）组成的活的有机整体，其结构和运动轨迹无不同艺术家的感情或心绪（我们通称为感情）相对应，从而具有那种感情或心绪的表现性。

画布上涂满各种颜色，键盘上敲出各种乐音，稿纸上写着各种单词……如果这些颜色、乐音、单词（不论是偶然效果还是苦心的安排）是有机地互相关联而形成一个活的有生命意味的整体时，那么不论它是抽象还是具象，不论它是否合乎逻辑，它都必然地构成这种或那种意境，具有这种或那种表现性。这个有机整体，我们称之为艺术。它原先并不存在，你在客观世界里找不到它的原型，它是被创造出来的，是艺术家按照自己感情的旋律创造出来的。在它被创造出来以前，它并不存在。"荒城临古渡，落日满秋山"。你可以说这荒城、古渡、落日、秋山是原先就存在的。它们也的确是原先就存在的。但原先存在的不仅仅是这些，还有石头、道路、炊烟、丛莽、老树、村落、农田……单单挑出这四样，把它从客观现实中抽象出来构成一个活的有机整体，是诗人的创造。这就像各种颜色是原先就存在的，但是用几个颜色构成一个活的有机整体,是画家的创造。在他创造以前,你可以找到颜色、画布等等,但却找不到那个意境,那个活的有机整体。

假如颜色在画布上不能构成活的有机整体,那它就只是涂在画布上的颜色,此外什么也不是。活的有机整体并不活在画布上,而是作为一种具有虚幻维度的形式,活在欣赏者的感受之中。它有维度,但你既不能进入,也不能衡量。它在进行,但并不消失,也并不增长。所以它是意境而不是实境。一种意境就是一种艺术形式,一种艺术形式就是一定情感或心绪的动态形式的同构形式。它的创造过程就是将这样一种情感或心绪转化为可以直接看到或听到的形式。这种转化,也可以说是主观的客观化。客观存在不等于主观的情感,只有它所引起的主体的特定心理反映才是情感。情感本身及其表现也不等于艺术(例如哭和笑并不等于艺术),只有它客观化为一定的物质形式才是艺术。所以艺术创作活动,具体是指创作者使情感客观化的活动,亦即中国古典美学所谓的"使情成体"的活动。

这样一种客观化了的情感并不等于客观存在本身。正因为如此,所以艺术不是再现,不是模仿,不是反映，不是单纯的认识。客观存在、主观情感、艺术作品，这是三个具有不同元素、不同结构关系与不同运动规律的不同系统。使情感客观化不等于复制客观现实，而是按照一定的心理结构的运动模式，即一定的情感的逻辑，加工改造物质材料，使这些物质材料的结构关系（外部形式）作为力的运动所形成的轨迹或"图案"与之相对应，从而具有这种情感的表现性。这种表现性能唤醒、激活在他人心灵中沉睡着的同一类型的情感可能性。

　　加工改造物质材料的活动是一种生产劳动。所以艺术的创作也是一种生产劳动。这是马克思曾经指出过的。每一种生产劳动都有它的特殊性。艺术创作的特殊性是什么呢？在一般的生产劳动中，操作的结果是预先就计划好的，产品也可以按照给定的要求和规格大量地制造；而在艺术创作中，结果的性质往往有可能在作品完成后才呈现出来，甚至使作者本人感到意外。这是常有的：普希金事先没有想到，他所创造的达吉雅娜会结婚；巴尔扎克的许多作品，不自觉地嘲笑了他本人的政治立场……艺术史上，这样的例子随时随地都有。"愁极本凭诗遣兴，诗成吟咏转凄凉"，如果你问诗人为什么会出现这种情况，诗人只好说不知道。委之于灵感,委之于缪斯,委之于"梦笔生花",委之于"文章本天成,妙手偶得之",并不是这个问题的科学的解决。近代现代美学愈来愈倾向于用"无意识"来解释艺术创作的自发性和自动性,这种解释是有道理的,但是并不全面。

说它有道理,因为艺术是情感的表现。由于艺术家没有可能事先意识到和有目的地设计自己的情感,这就使得艺术创作过程中必然会渗入许多自发性和无意识性。这并不奇怪,既然无意识有可能支配人们的思想、感情和行为,当然也有可能对艺术创作起重大作用;说它不全面,是因为情感并不是思想的对立物。我常说情感作为一种对现实的本能的评价,实际上是一种更深刻,因而更不自觉的思想。与之相应,无意识也不是意识的对立物。无意识支配实践,是形成意识的根源,但同时它也是实践和意识的产物。正因为如此,所以在它的生物学内容之中,包含着丰富的历史和社会的内容。正如数学问题的无意识解决,只有在数学行家中间才有可能,艺术创作的无意识实现,也是与一定文化背景和时代背景下一定个人生活经验的积累分不开的。所以归根结底,在艺术的创作与欣赏中无意识地表现出来的东西,追溯下去都有其深刻的、看不见的实践和意识根源。正因为如此,一个伟大作家"无意识"地创造出来的许多作品,尽管有这样那样的矛盾,大体上都有一个基本相同的价值定向。并且从他不同时期的创作中,以及从他的同一件作品的前后不同的变化中,可以踪迹出一个合乎逻辑的思想感情发展的脉络。

从这个角度来说,艺术的功能类似语言。但语言是工具,艺术在其最直接的意义上(不是终极意义上)则是目的:语言可以异化,艺术是与异化相对立的。语言常常并不相通,艺术则只有在相通的时候才是艺术,它可以成为,甚至不同时代、社会之间不同人们交流心灵的渠道,把艺术现象当作完全孤立的现象,无须同情,那种观点把人的艺术作品同大自然的作品,例如晚霞或者墙上的水痕等等混为一谈了。艺术是人的表现和人的同情,它以只有在人的社会历史系统中才能了解的信息关系为前提。从归根结底的意义上来讲,它来源于人类为了实现自己的本质(自由)而控制、调节和达到有目的的效果,而接受、使用周围环境的信息的能力。所以如果没有人的意识,事物就没有这些特性。事物的这些特性,是人的本质的对象化,是对象世界中对人的本质的肯定部分。它作为一种潜能具有深厚的自然基础,但它的转化为现实却是在历史过程中实现的,作为有意识的精神创造,它必须提供某种新的精神,这种新精神,就其功能来说,也是历史的和社会的。

任何不提供新精神(以及与之相应的表现手法)的作品,例如建筑程式和传统图案的应用,又如我们在许多名画家的个展上所看到的无数意境、风格和技法都大同小异的作品,以及与之类似的诗歌和小说,都只是制造物而不是创造物,只是物质产品而不是精神产品,所以不是艺术。充其量它们只是艺术的复制品,"成名之作"的复制品。重复自己,这是艺术家创造力单薄、艺术才能贫弱的表现。艺术创作不能重复,在这个意义上也见出意识与无意识的区别:无意识常常重复,而创新则不能没有意识的参与。这绝不是说意识和无意识是对立的,也不是说艺术创作中完全没有无意识的成分,而是说不能把艺术创作看作仅仅是完全无意识的产物。艺术创作是无意识和有意识的统一。把无意识的作用看作是自然本能对艺术创作的盲目支配,也就把艺术创作看作是一种动物性的活动,就不但无视了艺术的创造性,也无视了艺术作为人类自由形式的根本特征。创作是人类自由的一种表现，美与艺术是人类自由的一种形式，或者说一种象征，所以它不能完全排除人的特征——自我意识。正因为有自我意识，人才有可能把自己作为对象加以表现，从而才有可能产生美与艺术，美与艺术才有可能成为对象化了的人的本质。所以，即使在创作过程中有可能情感先于理智、实践先于认识，创作过程仍然需要意识的参与。我不承认完全无意识的作品是艺术作品，正像我不承认窗上的冰花或者墙上的水痕是艺术作品一样。由于欣赏者自由联想的参与，即使窗上的冰花或墙上的水痕偶然地也会"表现"出某种"社会内容"啊！但那并不是艺术。如果那种自然现象也"形成"某种意境，那么这意境作为欣赏者个人所创造的审美现象也可以与艺术有许多相同之处，但由于它没有通过物质材料的加工变成社会交流的客观渠道，即没有意识的参与，它仍然不是艺术。

正因为有意识的参与，艺术的倾向性常常比哲学还要鲜明、还要强烈。这样一种带着燃烧激情的倾向性等于是有生命的、活的哲理。艺术家在创作过程中未必能意识到和了解这种激情与哲理。当他在一种激情的支配之下致力于真实完满地表现自己的激情时，他往往无暇去分析沉潜在这种激情深处的思想、理智及其根源和方向。正因为如此，他才"歌泣无端字字真"，把表现本身（创作活动本身）体验为一种需要和一种快乐，体验为不是手段而是目的。以致他宁愿挨饿，宁愿不被理解，宁愿被风雨所追逐，也还要坚持用自己的声音，唱自己的歌。苟能如此，才是真艺术家。

艺术创作作为一种生产劳动，如果不是由这样一种内部力量所推动，而是由某种外部的力量、异己的力量所推动而进行的，那么这样的一种所谓"创作"就是异化劳动。异化劳动有可能生产出一些合乎规格的工农业产品和同样合乎规格的催眠术作品或娱乐术作品，却没有可能生产出任何一件可以称得上是艺术的东西。因为艺术品的生产，是创造而不是制造。它是人类自由的一种形式。和异化的对立，包含在艺术的本性之中。异化劳动把目的颠倒为手段，由于没有真实的情感，它必须用空洞的概念、虚假的言辞、伪造的形象、装腔作势的悲欢来代替它，这就是许多公式化、概念化、言不由衷、假话连篇，甚至颠倒黑白的"作品"之所以会出现的原因。不用说，这样的所谓"作品"，不是艺术作品，而是催眠术作品。"文革"时期出现过一些这样的东西。一般说来，这种极端的例子是很少的。有也不值得提了。但它们留给我的印象是很深的。正是这印象一直在促使我思考艺术是什么的问题。因为有这样的印象，虽然我对苏珊·朗格怀着大的敬意，我仍然不能赞成她下述意见："艺术家表现的绝不是他自己的真实情感，而是他认识到的人类情感。"至少从创作实践来看，没有体验就不会有认识。一个没有自己的独特体验的人是一个没有个性的人。一个没有个性的人也就是一个不审美不创作的人。离开了自我，离开了个性，离开了直接体验，就没有感性认识，而理性的知识所产生的动机，却又往往不是艺术创作的动机。就艺术创作来说，动机及其强度的持久性恰恰是取决于他自身的真实体验，即他自己的情感的真实性。艺术家的情感，相对于认识来说是一种棱镜，它折射来自现实的信息流，并形成独特的评价光谱。艺术是光谱本身的表现，而不是关于光谱的描述（认识），更不是由描述（认识）而产生行动，例如"主题先行"等等。

在通常的情况下，植根于生活深处的激情，总是艺术灵感的源泉。一旦艺术家不是遵循激情的引导，不是听从灵魂的呼声，而是"主题先行"，力图使创作从属于某种外在的、实用的、非艺术的目的，那么他的这种努力是一种非艺术的努力,愈是努力,作品的艺术性也就愈少,艺术价值也就愈低。尽管它可能有其他价值(例如经济价值、哲学价值、历史价值、宣传价值等等),但是作为艺术品,它的价值不会从那样一种非艺术的努力中产生出来。自古以来应制诗和投呈诗之所以没有一篇成了名作的,原因就在这里。娱乐术和催眠术的产品之所以不能流传到自己的时代和自己的社会以外,原因就在这里。林彪、江青反革命集团横行时期之所以没有出现过一件真正的艺术品,原因也在这里。

别林斯基曾经正确地指出,车尔尼雪夫斯基的《怎么办?》和赫尔岑的《谁之罪》之所以比不上屠格涅夫的书,并不是因为他们的思想不够深刻和正确,而是因为它们许多地方在相当大的程度上说明代替了表现,理智代替了情感。他提出了一个衡量作品艺术价值的有用的尺度。如果我们问:为什么高尔基的《母亲》不如他的《在人间》;杰克·伦敦的《铁蹄》不如他的《马丁·伊登》;罗曼·罗兰的《欣悦的灵魂》不如他的《约翰·克利斯朵夫》,那么答案也将都是那样。

这种非艺术的努力之渗入艺术创作过程,并不总是由于意识的参与,有时往往是由于受了另一种无意识的支配。这需要具体情况具体分析,不能一概而论,更不能先下结论再找论据。我们在这里指出这一点,仅仅是为了强调,艺术创作是有意识与无意识的统一。但是指出这一点并不等于艺术创作问题的解决,而仅仅只是指出了艺术创作的前提与可能性,即它的心理动力是有意识与无意识的统一。没有这个动力就没有创作活动。但是艺术创作(以及任何创造)仅有心理动力是不够的,它还需要经过改造加工物质材料的劳动实践才能完成。在这后一个环节之中包括才能、艺术修养(文化水平)、技巧等等。这些理所当然的环节,谁都清楚,就用不着多说了。现在只说一点,所谓艺术技巧,实际上也就是一种表现的能力。催眠术、娱乐术以及其他一切不带情感的活动,例如建筑师营造一座住宅,裁衣师剪裁一件外套,木匠师傅打造一张桌子,都需要技巧。这一切技巧都是从某种外在目的出发给一定质料以一定形式的能力。它不同于表现力。表现力是一种内在的动力。换言之,在艺术创作活动中动力因往往先于目的因和形式因,在其中计划和执行、原料和成品,即物质和形式都是浑然一体、不可分割的。电子计算机的作品之所以不可能成为真正的艺术品,就因为它不可能做到这一点。人之所以能够做到这一点恰恰是因为他们有意识。意识是一切创造的前提,也是艺术创造的前提。

六、艺术与社会生活

艺术是一种特殊的人类行为。它是人类思想感情的表现。思想感情及其表现都是行为,是突破界限、寻求同情的行为,理解这一点,是我们理解艺术的关键。我们必须强调指出,表现不仅是表现,它同时也是一种行动。更彻底地说,思想也不仅是思想,思想也是行动。思想这个词不是名词,不是指某种精神的实体,而是动词,是指一种既有知觉又有愿望能力的活动。正因为如此,它在艺术中既是感性的又是理性的,并且不可避免地有其文化的、历史的内容,从而把艺术与社会生活联系在一起。

人是一种自我创造的类。所以,人的类的特性,是自由而有意识的创造。异化是这个特性的自我否定。艺术作为这种特性肯定是同异化相对立的,所以它本质上是人道主义的。如果我们把艺术看作行动,而不仅仅是行动的结果,这一点就不难理解了。

艺术作为行动,根源于人类通过忧患意识表现出来的感性动力；根源于超越既成现实这一人的类的需要。它作为寻求同情的行动同时也是一种超越行动。从古以来，人们一直通过艺术，向残酷的命运挑战；攻击或者逃避敌对的现实；回顾已往和展望未来；进行各种各样的假设；经历各种不曾经历过的生活；呼求同情和寻找联系……这一切都是行动，艺术是行动的过程，而不是媒介物。是做事情的方法，而不是事情的结果。所以在艺术中，有一股运行着的生命力，当它同欣赏者的生命力合而为一的时候，欣赏者就进入了欣赏境界。所以欣赏，也是欣赏者的行动，欣赏者的生命力的运行。所以不仅创作，而且欣赏活动即审美活动，也是人类行动的一种方式。

西方有些美学家，把艺术解释为白日梦，由于这种观点从创作中排除了有意识的活动，我并不完全同意。但艺术里毕竟有梦的成分。如果除掉了梦，恐怕就既不会有艺术，也不会有宗教、信仰、理想、愿望等等了。童话、寓言、象征的森林……这些梦的幻影，都是人类伸向未来世界的触须。原始人不能分清梦境与现实，所以他们的历史就是神话与诗。神话与诗是古代生活忧患与苦难的记录：充满着战争和掠夺，后来还加上压迫和剥削。人们饥寒交迫，生活没有保障，尊严得不到承认。精神生活在现实中找不到出路，便转入到梦幻世界。几乎所有的古代民族：中国人和印度人、希腊人和罗马人、犹太人和埃及人、波斯人和巴比伦人，都有自己的诗歌和神话。这些诗歌和神话，无不充满着浓烈的悲剧色彩，表现出一种深沉的忧患意识和执着的追求精神；表现出一种美好的理想和严峻的现实之间悲剧性的冲突；表现出一种对神、鬼、妖、魔的憎恨、反叛和对人的同情与热爱；表现出一种在奴役屈辱与苦难之中对于自由、正义、人的尊严和生活乐趣的向往。它们不仅是梦幻，也是现实的行为。如果没有这些和人类其他创造行为密切关联的行为，则其他创造也不会实现。

这些诗歌和神话，是最早的艺术，也是最早的人道主义。人道主义首先是在艺术中表现出来的，它一开始就与艺术结下了不解之缘。这不是偶然的。因为人道主义，这是艺术的灵魂。历史上所有传世不朽的伟大文学艺术作品，都是人道主义的作品，都是以其人道主义的力量，即同情的力量，来震撼人心的。这方面的具体例证和具体分析，已经有很多人做过了。所有这些分析，都是从内容上来分析的。例如说鲁本斯的画就像薄伽丘的小说，是对清教徒式的禁欲主义的挑战，是对神圣的彼岸世界的否定和对世俗的此岸世界的肯定……如此等等。这些都是艺术与社会生活之间联系的确证。

易言之，我们是从艺术是人的表现、是人的存在方式这一点，引申出艺术的人道主义原则的。人道主义的原则，是在尊重个体、尊重独创性的基础上形成的个体和整体的统一。在这个意义上，人作为人，作为具体的个人，在其现实性上，又都无不具有他所处的时代、民族、阶级的特征。所以，作为人的创造物和人的表现，一个时代、一个民族、一个阶级的艺术，特别是那些传统性的艺术形式包括抽象形式，也都具备有各该时代、民族、阶级等等的特征。与西方的十字架具有放射性、开放性的意味不同，中国图案中的太极图、二方连续、四方连续等等，正好是中国封建社会的封闭性及其发展变化的循环往复性的最好象征。又如京剧动作的一步三摇，表现出中世纪生活节奏的缓慢；天安门的万仞宫墙及其后面沉重的大屋顶，以及民间住宅分为堂、庑、轩、轾等等的那种结构布局模式，表现出封建社会森严的等级制度的阴森与压抑。至于繁复而又严格的诗词格律，不正是封建礼教严格的秩序和礼仪的象征吗？这种形式从汉魏一直沿袭到清末,不也正好同封建社会的发展停滞节奏缓慢相适应吗?这些程式不是哪一个人的作品,而是历史和社会的产物。所以它表现出文化的即民族的、时代的和历史的个性。它是通过特定的阻力(缓慢和压抑)来表现的。个人的作品,除去它必须以这些传统的程式、惯例为媒介以外,它的独创性和突破性也只能在这个普遍性和历史性的背景上才呈现出来,并正因为如此它的社会意义也就更强了。正因为如此它体现出个体和整体统一的人道主义原则。

在历史和社会中的人类情感,作为生命力遇到阻力时的反应,实际上大都是社会矛盾的产物。所以它的表现,大都带有发现问题和揭露矛盾的性质。当然艺术家未必自觉到这一点,他们往往只是渴望并努力说出自己的真实感受。这项把情感转化为可以视听的形式的工作,实际上也就是把个人的东西转化为社会的东西的工作。主观体验变动不居、不可以重复,它只能属于个人。一旦它被固定化、被客观化了,它就有可能同时引起许多人的体验并影响他们的思想和行为,从而成为一种改变客观现实的实际力量。当然这不是唯一的历史力量。历史的动力是人类创造世界的劳动。艺术创造是作为创造性劳动的一部分,作为在物质生产的基础上进行的精神生产而作用于历史进程的。总起来看，它也许不过是无数元素之一。但是有没有这个元素，社会的结构和功能就会不同，从而变化发展的方式和方向也会不同。自从那种单线的、决定论的历史观被证伪以来，这一点已经是不言而喻的了。

一个时期以来，人们习惯于指责艺术家只诊断不开药方，甚至只指出症状而不诊断。这种指责更多地集中于19世纪的所谓"批判现实主义"作家。这是一种非常不公正的指责。这等于要艺术家同时也充当政治家和社会科学家。殊不知艺术家只要能发现和提出问题，就可说是不辱使命了。艺术家之所以是艺术家，就因为他们的敏感和诚恳有助于他们不辱使命，有助于他们在平常中发现异常，在公认不是问题的地方发现问题。若能如此，就是对社会的贡献。所谓"发现"，就是感觉到。这种感觉的能力是一种感性批判的能力。它不同于哲学家、科学家、政治家、实业家等等思考得来的看法，它往往更直接和更深刻。我常说美感是一种比思想更深刻的思想，现在所说的也还是那个意思。

从历史上来看，艺术的觉醒往往是社会思潮发生变迁的先声。大的方面如达·芬奇、米开朗琪罗、莎士比亚的创作,先于启蒙运动的兴起;小的方面如克尔凯廓尔、陀斯妥耶夫斯基和卡夫卡的创作,先于存在主义的流行。从可以严格考察的历史时代起,几乎没有一种新思想不曾先期在艺术中得到表现。当前的情况也是这样,远在现代物理学的时空观向经典物理学的时空观做出强有力的挑战以前,现代派绘画就已经以类似的时空观念向古典现实主义的时空观做出强有力的挑战了。不仅如此,现代派画论向中国古典美学的靠拢,也十分恰当地预示着现代物理学向古代东方哲学的靠拢。这并不是因为艺术家更高明,而是因为他们更多地依靠的是感性而不是理性。所以他们往往只提出问题而不解决问题。历史在飞快地前进,并不停留下来等待人们下结论,而当结论出来的时候,它往往已经过时了。在这个过程中,文化、思想领域那些革命性的突破都是由于新问题的提出,而不是由于已被承认的理性结论的推行。

相对于理性结构而言,感性动力的一个最主要的优越性就是使选择保持开放。理性结构作为理性结构(不论是科学还是哲学),必然地具有一定的封闭性。因为理性如果不引导思维遵循一个单一的普遍原理和一种单一的通用方法，不接受任何特定假设和谋求任何统一认识，它就不可能形成结构体系。这一切原理和法则作为思想的构架都是有用的，但如果没有感性动力注入一种深刻的怀疑精神和批判精神，我们自己的思想构架也就会成为束缚我们思想的罗网。相对于科学与哲学而言，艺术更多地依靠感性而不是理性。所以当科学家和哲学家还在解释既成的现实现象时，艺术家已经在提出新的疑问了。历史上各个时代的艺术家都属于最先觉醒的那一部分人不是偶然的，各个时代力图保持现状的统治者总是对艺术家抱着怀疑和不放心的态度也不是偶然的。

艺术家并不是叛逆者。他只是按照美的法则，在单一中求差异，固定中求变化，因而不知不觉地总是要同既成的现实发生冲突。这冲突也就是他的倾向性（如果倾向性是指赞成或反对一定事物的态度和意志的话）。情感的评价性质决定了情感必然有倾向性。没有真实情感的艺术作品绝不是没有倾向性的艺术作品，而是非艺术作品。倾向性作为情感的特质，是包含在艺术的本性之中的东西，而不是可供艺术家选择的多种方案之一。当艺术家从事创作的时候，他已经在赞成或者反对什么了。在这个意义上艺术创作也是一种社会行为。这种行为将对历史的进程产生作用。艺术家未必自觉到这一点。当他不自觉的时候,并不是他的创作就是无意识的。情感作为一种本能的直觉的评价是无意识的生命活动。而把情感转化为可以视听的表现性形式的活动却是有意识的活动。至于这种活动及其结果在此时此地将要产生何等样的社会效果,艺术家有时知道有时不知道,有时他自以为知道而实际上不知道(这就是文艺理论家们常说的"创作方法和世界观的矛盾")。这种不知道的情况,也就是我们所谓的不自觉。不论是否自觉,成为艺术家,就意味着不再是历史进程的旁观者,而是由于把感性批判精神注入现实而参与对历史进步起推动作用的创造者了。

这是一方面。另一方面,精神生产必须有它的物质基础。不可否认各个时代的社会条件对艺术的深刻影响。情感有其社会内容,其表现形式也受物质手段的制约(例如只有发明了电,才有电影),在这个意识上一定时代、一定社会的艺术又是这个时代和社会的产物。它的起源,以及它的变化和发展线索,在历史的层次上,都应该到人们的社会存在即社会经济基础中去寻找。例如要了解为什么中世纪中国绘画的主流是水墨山水画，或者为什么近代西方绘画愈来愈趋于抽象而抛弃写实的传统，都只有联系当时中国或西方的社会历史条件才有可能。艺术并不是在社会以外批判地推动社会前进的力量，它是从社会之中产生出来的社会本身的力量。所以它又是受社会条件的制约。说艺术创造是人类创造世界的历史性活动的组成部分，同说艺术受这个被创造出来的世界的制约，这两个说法并不矛盾。正如劳动创造世界的说法同存在决定意识的说法并不矛盾。这二者是统一的。这二者的统一使得艺术的历史，大体上对应于社会发展史。

迄今发现的人类最早的艺术，是法国洛塞尔出土的和奥地利出土的女性雕像，以及西班牙阿尔塔米拉洞窟和法国多尔多涅地区一系列洞窟内的壁画（这不过是久已湮灭的史前艺术的一鳞半爪），它们的被发现，证实了艺术的历史至少可以上溯到一万八千多年以前的冰河期，证实了艺术是从非艺术之中生长出来的。例如从游戏、魔法、符号操作等等之中产生了造型艺术，从作为交际工具的人类语言中产生了语言艺术。这中间经过了漫长的而又缓慢、往往数百年如一日的发展过程，很难说它们是在什么地方分界。它们曾经是游戏、魔法或别的实际需要。但由于它们都是超越现实的，例如歌唱不是真的说话，画中的野牛不是真的野牛，舞蹈表演的狩猎，不是真的狩猎，它们的被创造出来就带着某种超越"必然王国"，挣脱客观现实的束缚而创造另一个世界——人的世界，并引导人们向这一世界前进的性质。所以艺术从一开始就摆脱了现实的束缚而具有某种自由的性质，是人类自由的一种形式。并且由于它们都是在人和外间世界的搏斗中产生的，它们又不可避免地要具有越来越浓厚的感情成分。情感在作品中的生成过程，也就是艺术从非艺术中产生的过程。

正因为如此，所以艺术的生成，也反映出人的生成。如所周知，人曾经是动物，是大自然的一个自在的部分。人之所以为人，是从他不是把自己作为大自然的一部分，而是把大自然作为自己的对象，按照自己的观念和需要进行加工改造的时候开始的。也就是说，人之所以为人是从他把自己作为自由的主体从自然必然性的支配下解放出来的时候开始的。这个过程在原始艺术中得到了完整的反映。古神话、陶器、建筑物、洞窟壁画中出现的人的形象，往往是和动物结合在一起的。或人面蛇身，或人面鸟身，或人面狮身……都无不是从人到动物的过渡的象征。约两万年前法国西南部洞窟出土的象牙雕刻的少女头像，外形上固然具有人的特征，但那强烈的野性却使得它更像动物。我们再比较一下远古的"奥林耶的维纳斯"和后来希腊时代的"米洛斯的维纳斯"，前者面部没有任何表情，乳房下垂，腹部肥大，就像旧石器时代艺术所描绘的动物；而后者呢，何等的生气勃勃而又充满着智慧和丰富的感情！乌斯宾斯基笔下的佳普什金，甚至因为看到这个雕像，才发现自己是一个人，才发现自己应当像人一样地生活，并被当作人来对待。这不是偶然的。

人是世界的创造者，同时又是被世界所创造的。反映在艺术中，也是一样。不同时代的作品是不同的。即使是同一时代的作品，也因为社会条件的不同而有所不同。希腊的雕刻、中国的青铜器和埃及的建筑物，都是奴隶时代的产物。但狰狞的饕餮纹样和阴毒的斯芬克斯是东方式奴隶制度残暴的见证，而充满生命活力的"掷铁饼者"则是雅典民主制的产物。中世纪欧洲艺术称之为"神学的奴仆"，这种情况同当时政教合一的封建统治分不开。那时，不论在东方还是在西方，艺术家们为了谋生而不得不受雇于宫廷与教会，不过是把一些在观念中和文字上已经完成的东西被动地"变相"为形象罢了。所以中世纪欧洲艺术的觉醒不论在东方还是在西方,都是在对宗教压迫的反抗和批判中展开的。到近代资本主义社会,由于艺术愈来愈变成商品或者宣传广告,华而不实的、献媚逢迎的、说假话的和迎合低级趣味的种种所谓"艺术",也愈来愈巧妙地混同于真实情感的表现。所有这些在资本主义社会都达到了顶点。这并不奇怪,统治剥削阶级内部不会产生创作动力,也不会有创作能力,他们要使社会的审美观念适应自己的目标和任务,只有利用文学艺术界的知识分子,使他们为自己服务。统治者愈是强有力,文学和艺术就愈是具有两重性:它本性所固有的自由和诚实,即它的内在的倾向性,以及强加于它的外在的倾向性,这种一般是在阶级社会形成的两重性就愈是错综复杂地交织在一起。从历史上看来,在这个基础上出现了两种人:由于社会不接受他的诚实而沦于贫困、灾难和被轻蔑的艺术家;利用娱乐术和催眠术来从事谄媚逢迎的投机者;以及根据形势徘徊于这二者之间的"第三种人"。这种情况并不是到资本主义社会才开始出现,远在"太阳王"路易十四的宫廷艺术家中间,洛可可及其他流派的许多代表人物中间就已经有了。不过到资本主义社会它们才发展为普遍的现象。这种现象的普遍性是资本主义社会具体条件的产物。

所以艺术和社会生活的密切关系，并不意味着社会的繁荣必然导致艺术的繁荣。从历史上看，情况往往相反，往往现实生活愈是黑暗痛苦，理想主义愈是强烈鲜明，人类的情感也愈是炽热和深沉，因而艺术也就愈是发达。所以在历史上，艺术的发展并不总是和经济的发展相平行的。中世纪欧洲的艺术水平，大大低于荷马和菲狄亚斯的时代，社会发展了，艺术反而没落了。17世纪的荷兰，经济正在欣欣向荣，而伦勃朗后继无人。18世纪最优秀的作品出现在最野蛮的德国。19世纪的俄罗斯，是当时经济最落后、政治最黑暗的国家，而俄罗斯文学的辉煌成就，远远超过了当时的任何最先进的工业国。这不是偶然的。历史上那些最伟大的艺术家们的命运，例如屈原、司马迁、杜甫、伦勃朗、凡·高、米开朗琪罗、贝多芬、曹雪芹等人的命运，都是非常之不幸的。冠绝当时的俄国文学，其作者的名单几乎同时也就是殉道者的名单：他们当中的绝大多数在流放和贫困中度过了一生，许多人死于非命。正是这种不幸，孕育了他们的艺术。苦难毁灭了李煜的生活，但却成全了他千古流传的诗篇；苦难毁灭了陀斯妥耶夫斯基的生活，但却成全了他使全人类灵魂为之震动的小说。正如韩愈所说，文章是"穷而愈工"，现实的社会生活绝不是艺术家的敌人。它造成痛苦和失望，但对于艺术激情的产生来说，这恰恰是必要的准备。

痛苦像是一潭深渊，但艺术家寻求进入。因为那不能进入的状况也像是一潭深渊。一方面，痛苦愈甚则水的张力愈大，力求把他推开。但另一方面，他在深渊外面所感到的烦恼和惶惑也是一种强劲的张力，力求把他推入。这种在两者之间挣扎的处境，是各个时代的社会生活赠给他们的礼物。他们为创造伟大作品所付出的代价就是接受这一礼物。"不为千载离骚计，屈子何由泽畔来？"在这个意义上又可以说，艺术是一定的社会生活通过艺术家创造出来的。不是曹氏父子创造了建安风骨，而是建安风骨创造了曹氏父子；不是李白、杜甫、张旭、颜真卿创造了盛唐之音，而是盛唐之音创造了李白、杜甫、张旭、颜真卿，他们不过是当时被特定社会历史条件创造出来的无数不知名的、久已湮灭的艺术家们之中最优秀的代表。无数为同一种理想所鼓舞，为同一种愿望所支配，为同一种苦难所折磨的人们，都纷纷力图通过一种当时流行的艺术形式来表现同一种情感。他们的种种努力绝大多数是失败了，只有那些最有才华、体验得最深、生活得最充分、情感最为炽热的、心理动力最强大、心理负荷最为沉重的人们，才能够不自觉地在绝大多数人的失败所提供的基础上取得成功。每一件不朽的艺术珍品下面，都有一个寒冽的深渊——整个社会建筑在其上的普通人的苦难。它形成一定的社会心理面貌，这种心理面貌得以表现出来的机会多少和程度大小，取决于许多因素。一般来讲，在其他因素类似的情况下，比较开明的政治形式、较多公民权利的民主制度总是有利于艺术的繁荣的，古代希腊的雅典共和国是这方面的例子。但是也不尽然，有时一种残酷无情的压迫所燃起的反抗的怒火，反而灿烂地照亮艺术发展的途程，19世纪的俄国就是这方面的例子。有时一种对艺术有利的条件对经济的发展和政治的统一却不利，16世纪意大利佛罗伦萨和威尼斯各自为政的状况就是这方面的例子。这一切都应当根据历史资料进行具体分析，不能一概而论。

七、艺术的分类

艺术是一种美，是人所创造的美。所以艺术的分类问题，也同美的分类问题难分难解地纠缠在一起。大抵主张美不能分类的人（如克罗齐、开瑞特）也主张艺术不能分类。而在主张美和艺术可以分类的人们之中，各人所持的分类原则和所提出的分类方法又都大不相同。

美的本质是同一的，但美的形态却千差万别。一件远古的文物，例如一个形式单纯的瓦罐或者绿锈斑驳的铜爵在我们心里引起的肃穆之情，和我们面对黄昏里炊烟或者一朵小小的野花时所感到的慰藉和愉悦是大不相同的，波澜壮阔、惊天动地的五四运动使我们在个体和整体的统一中感到自己有无穷的力量，而深秋黄昏连绵不绝的阴雨却常常把往事和忧愁带到我们的心头。这些都是美。而形态大不相同。于是给美的形态分类，便成为美学的一个经常被提出的课题，而为大多数美学家所接受。

英国美学家鲍桑葵认为，美有平易的美和艰难的美两种。平易的美是那种不费力气就能欣赏，一眼就能看出的美；艰难的美是指那种具有错杂性、紧张性、广阔性的美。所谓错杂性，例如有些图案画、交响乐或大型文学作品，其复杂程度超过我们的感受能力时，我们不但不觉得它美，有时还会反感。所谓紧张性,例如伟大悲剧的高度紧张的情感常常使许多不够坚强的人感到恐怖而不能欣赏它的美。所谓广阔性,例如喜剧或滑稽演员打破一切现有价值结构的既成格局,使崇高与卑下颠倒,应该的变成荒谬,荒谬的变成理所当然,要求人们具有深刻的思想和高度的感受力,才能同情地掌握它的整个幅度。这是一种分法。另一些英国美学家如赫奇生、霍姆等人则把美分为绝对的和相对的、即固有的和比较的两种。所谓绝对的美是事物本身固有的美,例如和谐、鲜明等形式特征。相对的美是从比较而来,例如逼真的画,尽管所画的事物本身不美,但画可以由于画得逼真而美。自然现象的象征性也是相对的美。没有美的事物可以因为象征什么而美。这种分法,不同于康德的把美分为自由美与附庸美,更不同于黑格尔的把美分为自然美与艺术美。黑格尔从他客观唯心论的体系出发,逻辑地和历史地把美分为自然美和艺术美,成为尔后美学讨论的广泛基础。但无论自然美和艺术美,作为经验事实都具有直观的同一性;并且它们都可分为平易的和艰难的、绝对的和相对的、自由的和附庸的等等。这个分法还是不清楚的。

所谓美的形态分类,实际上应该看作是审美范畴的一种划分,即审美的价值结构各个方面的一种辨别。美的本质,是人的本质力量(自由)的一种表现、一种对象化。所以它是可以用"人的物种尺度"或"人的内在尺度"来衡量的。大于这个尺度的表现为崇高与雄伟(包括悲);小于或偏离这个尺度的表现为滑稽与渺小(包括喜);与这个尺度相适应的表现为秀丽,即狭义的美(秀美)。它们之间的审美价值不完全相同,但却又处在同一个结构之中。所以又都是相通的。例如悲和喜就明显地是相通的。

把这个尺度颠倒过来,就是丑。美学中有美和丑,正像数学中有正数和负数。也如同正数的规律就是负数的规律,美的规律也就是丑的规律。它们是上下对称的(就像建筑物和它在水中的倒影一样),所以我们同样不能忽视它的数量方面。大恶棍不等于宵小,怪异可怕的事物不等于卑贱可怜的事物,麦克佩斯不同于雅卡基·莫维奇,它们分别从两个不同的方向向悲和喜靠近过去,而其交叉点则是丑。丑是一种美。说丑的规律就是负数的规律,不等于说丑在任何情况下都是一种负价值,是对于人的本质力量的反动或对于人的个体存在的否定。不,丑作为美的对立面,不但常常可以转化为美(例如生活丑转化为艺术美），而且常常它本身就是一种美，一种错杂、紧张、广阔的美。例如艰难滞涩而又迟疑的线条，比之于那些潇洒流畅的线条可以说是丑的。而这丑也就是它的美。又如卓别林的伟大成就，是以丑角的身份获得的。而这丑也就是他的美。在这一类场合，丑由于渗入了崇高、滑稽等审美范畴而获得了积极的审美价值。所以丑是一个深刻的美学范畴。研究美学必须研究丑。特别是在今天，不研究丑，我们就不但不能了解西方艺术发展的新动向，也不能了解青年一代对艺术创作所提出的新要求。不管老一辈的诗人、画家和理论家们如何评价，青年们已经（至少部分地）把一种崭新的、巨大的生命力犷野而又奇异地带进了诗歌和绘画，激起了一种朦胧的、迷茫而又深思的情绪。

这些作品像不速之客，以无比的生命力猛烈地敲击着美学的窗扉，要求我们做出理论的解答。是否可以说，这是当代美学所面临的一个新课题呢？

这个课题我们研究得太少。与之相比，崇高与雄伟这个范畴久已被探索得很多了。崇高与雄伟是对于人的物种尺度的一种超越。异常的体积和强度是其特点。这是一个量的范畴。康德又把这个量分为两种，一种是数的量，如山的高和海的大；一种是力的量，如疾风迅雨的狂暴气势。所谓量，我们也可以理解为一种精神境界的扩大。李白诗"我来竟何事，高卧沙丘城，城边有古树，日夕连秋声"，杜甫诗"落日照大旗，马鸣风萧萧……悲笳数声动，壮士惨不骄"，都只几句短语，体积很小，但前者有一种磅礴的气势，后者有一种雄浑的气象。火刑柱上的布鲁诺、巨浪冲击下的岩石，体积都不大，可是那种道德上与意志上的崇高与雄伟，同样使我们感到折服。总之，崇高感或雄伟感是作为一种被某个超越于人的物种尺度的对象所引起的敬畏与惊喜之情而列入美感经验的。在这种经验中，对象的力量变成了我的力量，例如岩石的冷静沉着变成了我们自己的英雄主义，激流的百折不挠变成了我们自己的坚毅顽强与大无畏气概。在这种体验中我们的精神境界得以提高到对象的水平，从而超越了自己的平庸与渺小，并由于体验到这种超越而快乐。而这，不但是崇高与雄伟的审美价值之所在，也是悲剧性的审美价值之所在。

但是在审美的价值结构中，悲剧性自有其不同于崇高与雄伟的特点。悲，或者悲剧性，作为一个美学范畴，不等于这两个词通常所意味的悲哀、悲惨、失败与死亡。它的价值恰恰在于表现出人对于这种失败与死亡的抗议与斗争。唯其如此，悲剧才同时显得崇高与雄伟。这一点对于自然景物也是适用的。例如荒寒的古迹，那些颓垣残壁因为呈现出一个民族的奋斗与失败而显得苍凉与沉郁，从而在审美上进入悲剧的范畴。固然斗争是失败了，但正是通过导致这种失败的内在矛盾与冲突（它常常表现为偶然性），才充分呈现出人的顽强不屈而使我们感到振奋与鼓舞。所以悲剧的第一个要素，是悲剧人物人格的伟大，精神和意志力量的伟大：明知要失败，还要坚持斗争，明知不可抗拒，还要向命运挑战。"不可与言而与之言"，"知其不可为而为之"，这才见出人格的力量。与之相联系的是悲剧人物的正义性。没有正义性，坚强就变成了顽固，悲剧就变成了喜剧。张志新的死亡是悲剧，但林彪的死亡却是喜剧。张志新的悲剧由于它的无可怀疑的正义性而使我们惊心动魄，我们由于这惊心动魄而产生一种对于更高人生价值的渴望，从而使自己不知不觉地提高到悲剧人物的道德水平和性格水平上。在悲剧的审美经验中，我们由于体验到（不是意识到）这种提高（哪怕只是暂时的）而感到一种满足和快乐。这是悲剧审美价值的特点之所在。

在悲剧美学中有几个问题是值得探讨的。一个是悲剧性与必然性的关系。从古希腊到黑格尔，一般认为必然性是悲剧的要素。这是有道理的，即使在张志新的悲剧中，也包含着这样的一种必然性：单独的斗争必然失败，最先起来反抗的人必然灭亡。如果没有这种必然性，张志新的悲剧也就不成其为悲剧了。但是以车尔尼雪夫斯基为代表的另一种意见也是有道理的。他们认为斗争是艰苦的，但失败却并非必然。事实上，人们之所以失败也常常是因为偶然的原因。并且通过主观努力，有可能改变命运。即使有几只船在海上覆灭了，还有无数的船只通过同风暴搏斗，平安地到达港湾。把这种偶然性引进悲剧美学，是否需要修正原有的理论呢？还有一个问题是，一般都把悲剧看作雄伟与崇高的最高境界，强调悲剧人物必须是真正的英雄，如何用这一点圆满地说明小人物的悲剧命运呢？果戈理的《外套》、陀斯妥耶夫斯基的《穷人》、鲁迅的《伤逝》，乃至《孔雀东南飞》和《胡笳十八拍》算不算悲剧呢？历史上无数诚实善良的劳动人民，一辈子默默无声地辛劳受苦，长期地被侮辱与被损害，终其一生得不到任何一点报偿与慰藉，算不算悲剧呢？这些都是值得研究的问题。

中国文学的传统习惯，喜欢给任何悲剧加上一个喜庆的结局。男女主角即使是死亡了，也还要化作连理枝或者双飞蝶得到团圆，至少要变成鬼魂再次出现，达到报仇雪恨的目的。这几乎成了一个公式，这个公式表现出我们民族性格中善良的一面。但是在我们说到喜剧的时候，有必要把喜剧范畴同这种大团圆的公式严格地区别开来。喜剧的要素不是喜，不是善良或者幸福，而是一种深刻的幽默。由于这种幽默总是在荒诞和丑恶中坚持一种被遗忘了的人的价值和尊严，它又具有一种深沉而又浩大的忧郁的背景。所以另一方面，美学应当把喜剧性和没有思想的可笑性严格地区别开来。下流的噱头、庸俗的插科打诨和对于残废者的嘲弄，可以博得市民们的哄堂大笑，但却谈不上它有任何审美价值。在艰难困苦中能保持幽默感是智慧的标志。卓别林曾经指出，未开化的人很少有幽默感，"智力愈发达，则喜剧就愈成功"，他所谓的成功当然是指获得高度的审美价值（艺术价值），而不是仅仅引人发笑。我们看司马迁的《史记》，其《滑稽列传》中的主角几乎没有一个不是具有高度智慧的悲剧人物。喜剧与悲剧的这种内在联系使得喜剧也具有某种崇高性，正因为如此，喜剧也是美学的一个范畴。生活有时使荒谬的事物显得合理，喜剧则在表面的合理中揭发它内在的荒谬。喜剧的笑是对于不合理的笑而不是对于缺陷和不幸的嘲弄。诚然，吴敬梓的《儒林外史》嘲弄了愚蠢，但愚蠢之所以改成滑稽是因为它放在更广阔的背景上看显得不合理。人穿衣服不滑稽，猴子穿衣服就滑稽，因为不合理。小孩与醉汉跌跤不滑稽，一个庄严持重的人跌跤就滑稽，因为不合理。渺小与邪恶并不滑稽，但本来渺小与邪恶，却偏要装出伟大与仁慈，便显得滑稽，因为不合理。当不合理显得合理而压倒合理的时候，喜剧便含有悲剧性了，这样的笑就是含泪的笑。悲剧由于表现出不合理的为害巨大而激起人们的奋发抗争之情，喜剧由于表现出不合理的虚弱和渺小而引起人们的轻蔑嘲笑之感，它们之间并没有不可逾越的界限。

美、丑、悲、喜、崇高与雄伟等这些审美范畴的划分，同中国古典美学为美的形态所做的分类是大体符合的。中国古典美学把美的形态分为阴柔与阳刚两种。阴柔相当于狭义的美，即优美或秀丽，阳刚相当于雄伟与崇高，也可以包括悲剧性在内。此外还有雅、俗与文、野之分，其中的俗与野，就包括喜剧性在内了。王国维在《人间词话》中论词说："飞卿,严妆也;端己,淡装也;后主则粗服乱头矣。"这里的"严"可以归入"俗"一类,"淡"可以归入"雅"一类,至于"粗服乱头",则可以归入"丑"一类。丑是中国古典美学中一个极为重要的范畴。中国诗论的肯定"郊寒岛瘦",中国画论的提倡雅真、古拙、野、怪、乱、黑,都不是偶然的。丑这个字在中国古典美学中有时直接就是美的代名词(例如诗人和画家们常常把奇异可画的石,称之为"丑石",把老干如铁的树枝称之为"丑枝"),这里面有极为丰富的问题值得重视。

与美的分类相联系,在艺术问题上,主张分类的观点也较普遍。最早的分类学是亚里士多德提出的。亚里士多德认为,艺术是一种模仿。根据这一观点,他在《诗学》一书中提出了三种模仿的区别:"像画家和其他创造者一样,诗人既然是一种模仿者,他就必须在三种模仿方式中选择一种去模仿:按照事物本来的样子去模仿,按照事物为人所说所想的样子去模仿,按照事物应当有的样子去模仿。"这一思想对后世文艺理论有过长远的影响,后来人们根据艺术创作是侧重表现理想还是侧重再现现实,把艺术区分为浪漫主义的和现实主义的两大类。这一理论把表现事物应当有的样子的艺术称之为浪漫主义艺术,把再现事物已经有的样子的艺术称之为现实主义艺术。自从苏联的文艺理论在中国流行以来,这种分法是大家所熟知的。

另一种分类法来自把艺术看作观念的表现的那一部分人,德国古典哲学总的来讲倾向于这一类。例如谢林认为,艺术和哲学的区别,仅仅在于后者是现实占优势而前者是理想占优势。就艺术而言,谢林认为,也可以分为现实的和理想的两大类。前者如音乐、绘画、雕塑等,后者如抒情诗、史诗、诗剧等。又如黑格尔把艺术分为象征型艺术、古典型艺术、浪漫型艺术三大类。象征型艺术的特征是物质压倒精神,或者说,形式压倒内容。在黑格尔看来,建筑是象征艺术的代表,因为在建筑中,物质材料和它们的实用要求起主导作用。他认为古代东方艺术都是象征艺术。古典型艺术的特征是精神与物质的和谐协调,或者说内容和形式统一。这种统一使艺术达到完善的境界。古希腊罗马的雕刻是它的代表,因为在其中"内在的心灵第一次显出它永恒的静穆和本质上的独立自足"。浪漫型艺术的特征是精神超越物质,或者说内容压倒形式,使艺术进入理想。绘画、诗歌和音乐是浪漫艺术的代表,因为只有在这些艺术作品之中,特别是在诗歌之中,内容(精神)才越过形式(物质)的规定而自由地表现自己。黑格尔把艺术看作是绝对精神的一种表现形式。他的分类实质上并不是艺术的分类,而是一种凭思辨的演绎法推导出来的历史逻辑的分类。他所谓的艺术的不同类型,实际上不过是绝对精神自我发展的不同阶段而已:在最初的阶段上,想象力倾向于努力从自然转到精神,这种努力还只是对精神的追求,还没有为精神找到真正的形式,因此只能用外在的形式来表示内在的意义,于是出现了象征型艺术。象征是一种符号,但不是语言、旗帜那样抽象的符号,例如狮子象征刚强,圆形象征永恒等等。这种象征由不自觉到自觉的发展,始终没有达到内容与形式统一的目的。这个目的是在精神发展的第二阶段,即古典型艺术中才达到的。古典型艺术因为达到了形式与内容、即物质与精神的统一而臻于完美,但还不是理想的境界。精神发展在第三阶段上突破了物质的束缚(内容超越形式)回到自身,便表现为浪漫型艺术。在这里艺术的不同类型不过是精神发展不同阶段的不同表现形式而已。

还有一种著名的分法就是把艺术分为时间艺术、

空间艺术、时空综合艺术三种。近代的卡瑞埃、黑田信鹏等许多人都持这种观点。他们认为音乐是时间艺术，因为它并不占据空间，而只是在一定的时间限度以内，通过一定的时间来表现的。绘画、雕刻、建筑等的存在，相对地来说没有时间性，许多千百年前的雕刻绘画和建筑现在还存在，但这些实体都必须占据一定的空间，所以属于空间艺术。综合艺术是指在其表现中既需要时间也需要空间的艺术，戏剧、舞蹈、电影等属于这一类，所以被称之为综合艺术。这种分法，以及库森、哈特曼等人把艺术分为视觉艺术、听觉艺术、想象艺术三类的那种分法，由于没有和艺术的本质联系起来，不是从对一定艺术本质的理解中引申出来的，所以说服力不大。把这种观点阐发得最深刻和最清晰的是苏珊·朗格。她认为每一门艺术都有自己特定的基本幻象，例如绘画所创造的是空间幻象；音乐所创造的是时间幻象，如此等等。这种基本幻象便是每一门艺术的本质特征。没有混合的艺术，没有统一的（或无区分的）艺术。各门艺术都是由它创造出来的基本幻象来决定的，而不是由它所使用的材料和技巧来决定的。用画笔涂过彩的雕塑仍然是雕塑；谱上诗句的音乐仍然是音乐；用音乐伴奏的舞蹈仍然是舞蹈。这是一个对于艺术很内行的人的观点，值得我们认真加以思考。

所有这些不同意见，在最深刻的意义上并不互相排斥。是否可以把它们综合成一个统一的体系呢？应该说是有可能的。但艺术分类学主要地是属于文艺理论的范畴而不是属于美学的范畴。就美学来说，它应当强调的是各门艺术的共同原则。人类情感是无限丰富的，所以它的表现形式也是无限丰富的。从而产生了许多艺术门类：绘画、音乐、诗歌、小说、戏剧、舞蹈、雕塑、建筑、书法、电影等等。这些都是很不相同的东西。一幢房子和一首歌有什么共同之点呢？在静止的线条（绘画、书法）和运动着的人体（舞蹈、戏剧）之间有什么共同之点呢？反过来说，一幢石头造的普通房子和一幢也是石头造的建筑艺术品之间有什么区别呢？一幅用油彩画的油画和一幅也是用油彩画的商业广告画之间有什么区别呢？这些问题的答案现在可以说都有了。那种把后二者区别开来的东西就是前二者之间的共同之点。所有属于这一切不同艺术门类的不同作品，都有一个动态平衡的特征，这个特征使它们作为情感的表现性形式各个成为不同的有机整体，而和审美主体（作者或欣赏者）种种深层的心理结构变化运动的轨迹相对应。

在这里有必要把艺术和艺术作品严格区分开来。因为：一、精神现象不等于物质现象；二、情感的表现性形式不等于媒介的物理形式。在第一重意义上，艺术的元素是情感，而艺术作品的元素，则是色彩、画布、音响、石头、道具、油墨、纸张、演员等等以及许多历史地形成了的惯例、规范如语法、典故、情感概念、象征符号等等媒介及其复合。二者不相等于；在第二重意义上，艺术是抽象的，而艺术作品则是具体的，有质料、有重量、可触摸、可衡量的。前者呈现出来的是情感：重叠着的意象、冲突着的动机、矛盾着的趋向以及由这些矛盾和冲突构成的大大小小的生命力的节奏。而后者呈现出来的则是空间或时间的幻象。二者也不相等于。就艺术而言，"建筑是凝固的音乐"、"书法是纸上的舞蹈"或者"绘画是点与线的交响诗"之类的比喻还是确切的、能够说明问题的。但就艺术作品而言，木刻是在木板上刻出来的而不是在情感上刻出来的，舞蹈是活的人体的运动而不是情感本身的运动，它们各自创造着不同空间或时间的幻象，和不同质和不同量的物品如磁带、画幅、书本、青铜器等等。所谓艺术的分类，其实是艺术作品的分类，而不是作为精神文化现象而和科学、哲学、宗教等等相并列的艺术的分类。相对于科学、哲学、宗教等等而言，所有的艺术作品都显得是同一事物。而这同一，也就是艺术的本质，也就是那个把所有质料不同、空间维度也不同的艺术作品联系起来，使之成为一个大现象的东西。

艺术作品的分类并不触及这个本质问题。它属于另一个层次的研究范围。在这个层次内可以区分出表情艺术作品、造型艺术作品、语言艺术作品、综合艺术作品等等。在这些不同艺术作品的门下又可分出不同的类。例如表情艺术分出音乐、舞蹈等；造型艺术分出绘画、雕塑等；语言艺术分出诗歌、小说等；综合艺术分出戏剧、电影等。这些不同类的艺术作品还可以根据材料、体裁、手法等等更细地加以划分为不同的种。拿音乐为例，就有管乐、弦乐、打击乐、交响乐、独唱等。独唱又可分为女高音、女中音、女低音、男高音、男中音、男低音。男高音中又有进行曲、抒情曲、小调等。不过说到这里，已经说到美学的边缘，越出美学的范畴了。具体说明各类艺术作品的异同和规律是文艺理论的任务，具体说明各种艺术作品的异同和规律是更专门的文艺理论，例如音乐理论、美术理论、戏曲理论等等的任务。

各别的文艺理论告诉我们各种艺术作品的特点和规律，提醒我们不要向音乐提出绘画的要求，不要向雕塑提出建筑的要求，如此等等。各种专门的文艺理论告诉我们某一种艺术作品的特点和规律，告诉我们，例如不要向油画提出版画的要求，或者不要向木刻版画提出腐蚀版画的要求。提醒我们电影不应当仅仅按照剧本以画面讲故事，也不应当接受舞台戏剧时空观的束缚，如此等等。这些要求有的合理有的不合理，有的甚至是有害的（束缚初学者的思路）。但总的来说，这方面的研究，包括对某些个人和某些流派的研究和比较研究，基本上是必要的和有益的。如果说美学是基础理论的话，这些研究就是应用科学。作为应用科学的文艺理论着眼于各别的艺术作品，作为基础理论的美学着眼于艺术的本质，二者并不互相矛盾。艺术本质上是一种人所创造的美。美与善是不同的。正如变化、差异和多样性是艺术的生命，一件艺术作品的价值和生命力也就在于和其他任何艺术作品不同。艺术品的生产之所以叫作创作而不叫作制造，就因为它成功的标志就在于它自身的独特性。这个特性就是不同之中有相同，相同之中又有不同。着眼于不同而把艺术作品分门别类,是完全必要的。这是文艺理论的一项任务。由于美学是在更深的层次上展开的,所以我们看到艺术作品之间的差异,往往比看到它们之间的一致之处要容易得多。这,正如陆游所说:"吏部仪曹体不同,拾遗供奉各家风。未言看到无同处,看到同时已有功。"

(本文首发于1986年第3期《社会科学战线》。)